DOCUMENT

SUR

LA QUESTION DE SAVOIR

SI LES ANCIENS SIRES DE PONS,

DÉFAILLIS EN LIGNE DIRECTE DANS LA PERSONNE D'ANTOINE (1586),

Étaient représentés alors par quelques branches légitimes
formées au XVIᵉ siècle.

ÉCLAIRCISSEMENT CRITIQUE
SUR LA DEVISE DE COUCY.

PAR LE PRINCE DE PONTS-ASNIÈRES,
MARQUIS DE LA CHATAIGNERAYE.

PARIS,

FIRMIN DIDOT FRÈRES LIBRAIRES,

IMPRIMEURS DE L'INSTITUT,

RUE JACOB, 56.

1845.

DOCUMENT.

Plusieurs familles de nos jours ont prétendu se rattacher aux anciens sires de Pons. Les nommer, n'importe guère; l'essentiel consiste à savoir si le fait voulu se peut, l'opposé tranchant la question. C'est ce qu'on va pouvoir juger quant à celles qui se tiendraient légalement provenues d'un cadet de branche cadette vivant au xvie siècle, et les seules dont, à cette heure, nous croyons devoir parler.

La très-ancienne *sirerie* ou principauté de Pons (Saintonge), qui, entre les fiefs immédiats, duché, comté, vicomté, haute ou grande châtellenie, comptait à ce dernier titre, comme Bourbon, Coucy et autres, était *salique* d'origine; joint, d'ailleurs, à ce qu'à toujours des contrats particuliers l'avaient substituée aux mâles, par suite de quoi nulle femme, sauf extinction masculine, ne pouvait y succéder. Voyez notamment ces pièces :

Première. « Entre Geoffroy et Hélie de Pons, enfants de Renaud, sire de Pons, fut question pour raison de ce que ledit Geoffroy disoit que tous les biens de leur père lui appartenoient sans pouvoir être divisés, et que par ledit Hélie, son frère, étoit dit au contraire; sur lequel différent fut dit par le roi saint Louis en la ville de Coulombiers, que audit Geoffroy demeureroient les biens qui avoient appartenu à leurdit père, sauf audit Hélie son droit de légitime, rien que de droit seulement. Et depuis ledit Geoffroy alla de vie à trépas, et laissa une seule fille nommée Anne, qui voulut dire les biens demeurés du décès de sondit père, lui appartenir. Mais Renaud de Pons, son cousin, maintint lesdits biens lui appartenir par ordonnance testamentaire faite par leurs prédécesseurs seigneurs de Pons, qui avoient voulu et ordonné lesdits biens étant de ladite maison, toujours appartenir à perpétuité au plus prochain hoir mâle du nom de ladite maison; sur lequel différent fut dit par le roi Philippe tiers de ce nom, que ces biens seroient et appartiendroient audit Renaud, etc. » (*Ancien mémoire manuscrit*, Bibl. royale, communiqué par feu M. l'abbé de l'Espine.)

Seconde. Il s'agit d'un arrêt rendu (1351) en faveur de Renaud de Pons, vicomte de Ribérac, contre Robert de Mathas, lequel étant fils d'Yolende, fille de Hélie-Rudel, premier du nom, sire de Pons, réclamait aux droits de sa mère, les fiefs et château de Pons, après la mort sans enfants de Hélie-Rudel, deuxième, petit-fils du premier Rudel. « Johannes, Dei gratia rex Francorum, etc… Dicebat insuper (Renaud de Pons) quod erat heres

proximior dicti donatoris (Hélie-Rudel II) in linea masculina, et quod de consuetudine proprie masculi et de linea masculina potissime in feodis succedere debebat, omnibus femellis exclusis et descendentibus ex eisdem, etc... Super quibus ac pluribus aliis hinc inde propositis, facta inquesta et ad judicandum recepta, ea visa et diligenter in presencia nostra examinata, per arrestum in presencia nostra factum, dictum fuit terram, castrum et castellaniam de Pontibus predicta cum omnis suis pertinenciis, ad ipsum Reginaldum pertinere ac pertinere debere fructusque et emolumenta percepta, etc... Datum Parisius in parlamento nostro decima die decembris, anno Domini millesimo trecentesimo quinquagesimo primo. » (*Archives* générales du royaume.) — *Traduction.*
« Jean, par la grâce de Dieu, roi des Français, etc... Il (Renaud de Pons) disait en outre qu'il était le plus prochain héritier dudit donateur (Hélie-Rudel II) dans la ligne masculine, et selon la coutume propre, que les mâles, ainsi que ceux de la ligne masculine, devaient principalement être successeurs dans les fiefs, toutes femelles exclues non moins que leurs descendants, etc... Sur lesquelles choses et plusieurs autres exposées de part et d'autre, enquête faite et reçue pour être jugée, la même vue et devant nous diligemment examinée, il fut dit, par un arrêt rendu en notre présence, que les terre, château et châtellenie de Pons précités, avec toutes leurs appartenances, apparte-

naient et devaient appartenir au même Renaud,
ensemble encore les fruits et les émoluments per-
çus, etc... Donné à Paris en notre parlement, le
dixième jour de décembre, année du Seigneur mil
trois cent cinquante et un. » Notez (remarque ju-
dicieuse qu'on doit à M. Crémieux) qu'ici le droit
de famille a d'autant mieux prévalu, qu'à Robert
de Mathas, mâle, ne se pouvait opposer l'incapa-
cité féodale dont le sexe eût été passible. Voyez
de plus le testament fait par Guy, sire de Pons
(21 décembre 1504), où il confirme derechef la
substitution perpétuelle, définitivement assise en
vertu d'actes antérieurs.

On doit ajouter que Marie, fille de Renaud
sixième, possédant *Marennes*, *Plassac* et les *îles
d'Oléron*, acquêts reçus de son père, qui les tenait
de Charles VI, comme sorte d'indemnité pour la
vingtaine de places qu'en ses rudes guerres contre
eux, les Anglais lui avaient détruites (*Maichin*,
Hist. de Saintonge), substitua ces mêmes biens
aux *aînés mâles de Pons*, par testament de l'année 1472, dans le cas où sa fille Anne (qualifiée
cousine du roi à cause de sadite mère), décéderait
sans héritier; ce qui, de fait, advenu, ouvrit la
substitution, laquelle fut exécutée; témoin l'acte
de François II avec son aïeul Guy, sire de Pons,
homologué le 2 octobre 1506, où il se lit notamment : « lequel (François, premier du nom) est
décédé depuis, laissant noble et puissant François
de Pons, son fils, son héritier, auquel, comme

aîné et *chef de la maison* de Pons, appartenaient, suivant le testament de feu dame Marie de Pons, sa grand'tante, du 15 décembre 1472, les terres et seigneuries de Marennes, d'Hiers, etc. ».

Maintenant il faut savoir qu'Antoine, sire de Pons, *cousin du roi*, comte de Marennes, Blaye et Montfort, seigneur des îles d'Oléron (10 à 12,000 habitants), de Viroul, Pérignac, Plassac, Royan, Brouage, Mornac, Hiers, Carlux, Aillac, Martel, l'Arche, Cognac, Terrasson, Limeuil, Château-Renaud, Arvert et d'une foule d'autres lieux, ayant cessé d'exister en 1586, le prédécès de sept frères, et notamment de trois fils, amena tous ses domaines égalant une province, entre les mains d'Antoinette, aînée des filles survivantes; que *dame de Pons, de Marennes, d'Oléron*, etc., elle s'unit en mariage au baron de Miossens (ligne d'Albret-Castelmoron); que dans l'acte des conjoints, il fut dit expressément qu'au premier-né de leurs fils *appartiendrait le nom de Pons;* enfin que, son heure arrivée, la clause sortit effet sans la moindre opposition, et subsista, maintenue, jusqu'à l'époque où Marie (1692), héritière de sa famille dans la sirerie de Pons, *aliàs* principauté, comme on l'a déjà pu lire, non moins qu'en tous autres fiefs, les donna, faute d'enfants, à son deuxième mari, savoir Charles de Lorraine, dont le successeur, quittant le titre vieilli de *sire* pour son équivalent plus jeune, s'intitula *prince de Pons* (Gazette *de France, tables*).

Cela posé, nous demandons au moins habile du métier, si n'importe quels sujets *Pons* sortis d'une branche cadette peu anciennement formée pouvaient exister : 1° lorsque trois décisions royales, dont un arrêt souverain, avaient consacré la teneur du pacte fondamental qui substituait à toujours, au plus prochain descendant mâle, le patrimoine entier de Pons, joint le testament de Marie (1472) dont il s'est agi plus haut ; 2° lorsqu'Antoinette, investie de ce patrimoine, compris les biens substitués par la susdite personne, faisait passer aux Miossens jusqu'au nom de la famille, qui, certes, valant la peine d'être au moins revendiqué, ne le fut aucunement ? La réponse n'est pas douteuse, car les faits sont là pour crier que si Antoine avait eu quelque cousin paternel, sa fille n'aurait été ni *dame héritière de Pons*, ni surtout reçue à transmettre le nom domestique à son fils né d'un seigneur étranger.

Mais pourtant, dira quelqu'un, il est avéré qu'à sa mort, Antoine avait des *cousins*. On l'accorde. Un mot, toutefois.

Au nombre des fils qu'engendra François II, père d'Antoine, marié en 1504, se classe communément un Charles, seigneur de Brosses, qui, né en 1523 (dix-neuf ans après l'hymen qu'avait contracté son père), fit testament sous l'année 1573, et n'a dû que peu survivre sans, de toute manière, atteindre à 1586, puisqu'il resta seigneur de Brosses, en sorte qu'il n'est besoin de le comp-

ter dans l'espèce; soit, chose croyable, attendu
son titre de chevalier, que bonne fut sa naissance,
soit qu'elle ait été différente avec réhabilitation.
Il eut un fils décédé jeune, sur lequel on ne peut
rien dire, puis un autre nommé Poncius. Celui-là,
dont le seul enfant, paraît n'avoir pas eu de suite,
vivait incontestablement sous l'année 1607, vu
qu'alors il *achetait* la terre de Bourg-Charente,
d'où vint son appellatif, qu'au reste garda le
suivant, marque sensible que Brosses naguère au
précédent Charles avait fait retour quelque part.
Fils d'un frère puîné d'Antoine, il en était propre
neveu. Qu'arrive-t-il cependant à la mort de ce
dernier (1586)? Rien, excepté ce qu'on a lu, sauf
encore que non-seulement ledit Poncius trouva
bon que sa cousine Antoinette recueillît tout l'héritage substitué aux mâles Pons, mais, de plus
(1607), contracta pour un avoir légué, on ne sait
à quel titre, par la dame de Saultray, avec ladite
Antoinette, qui se qualifiait à ses yeux *dame de
Pons*, etc. Or, *in illo tempore*, non moins qu'avant
et depuis, existait en pleine vigueur certain code
législatif dont tels étaient aucuns termes : « Bastardi enim non includuntur in dispositione legali
quantum ad commodum et honores... Nec includuntur in feudis, posito quod essent simplici-
ter legitimati per rescriptum... Nomina et arma
(patris) eis tamen non debita... Non possunt
fieri successibiles ex statuto vel consuetudine...
Bastardi proprie jure aut consuetudine non sunt

de domo ac familia seu agnatione patris : quod tenet Bartolus, etc. » (*Chassanée*, président au parlement de Bordeaux. *Catalogus gloriæ mundi*, pp. 415, 417.) *Traduction* : « Les bâtards ne sont pas inclus dans la disposition légale, quant à l'utile et aux honneurs... Ils n'ont aucune entrée aux fiefs, supposé qu'ouvertement ils soient légitimés par acte... Le nom et les armes (du père) ne leur sont nullement dus... Ils ne peuvent hériter ni par statut, ni par coutume... Les bâtards ne sont, ni par leur propre droit, ni par coutume, de la maison, de la famille ou de l'agnation du père; c'est ce qu'enseigne Bartole. » — « Car le bastard ne puet rien demander, ne par lignage, ne par autre raison, por sa mauvaise condicion. » (*Etabl. de S. Louis.*) Voilà pour un, passons au reste.

A défaut des Bourg-Charente, venait Jacques de Mirambeau, premier seigneur de ce fief qu'il avait reçu de sa femme (Belleville-Harpedane, et qui devint son propre avoir), lequel était, sans conteste, le second fils de François, premier du nom, aïeul d'Antoine, et d'autant plus certainement qu'en partage il reçut, lui, plusieurs fiefs considérables appartenant à la maison, c'est-à-dire par exemple, *Brou, Brouage, Hiers, Verneuil, Plassac, Lorignac* et autres, joint à ce qu'il fut toujours qualifié *cousin du roi* comme ses prédécesseurs. Il mourut avant Antoine (son neveu, côté paternel), puisque la ville de *Brouage* qu'il avait reçue de son père, en preuve de quoi l'on peut dire que, fortifiée par ses soins, elle eut nom *Jacopolis*, se trouvait être la chose (1577) du neveu susénoncé, ce dont témoignent notamment plusieurs lettres à cette date écrites à ce dernier, où Henri, roi de Navarre, lui exprime ses regrets de ce que les religionnaires, sous le prince de Condé, avaient emporté cette place, ajoute qu'il sollicite pour que ledit prince la rende, et l'exhorte à n'en avoir un trop vif ressentiment. Le même fait est applicable à son fils aîné François, qui paraît, selon d'Aubigné, avoir aussi eu *Brouage* en 1575, année où, dit l'historien, son frère *Plassac* (Jean de Ponts, orthographe originaire uniformément suivie par le susnommé, du Tillet, Mézeray, etc., voyez encore plus loin), y commandait à sa place, non moins qu'aux deux autres fils appelés Jean et Antoine, dont l'un fut seigneur de *Plassac*, *Lorignac*, etc., l'autre seigneur de *Verneuil*, terres domaniales de Pons, vu spécialement que *Plassac* fit retour au chef de la race, avec *Brouage* et le reste. Ainsi, nul point à débattre au regard de ces personnages. Quant à Jacques, fils de François, on le suspecte, attendu qu'il ne posséda ni *Brouage*, ni les seigneuries de ses oncles qui n'eurent aucun enfant-mâle, et surtout que, plein de vie en 1591 il n'était pas devenu le successeur dudit Antoine. Toutefois, comme Mirambeau (domaine venu par femme, et dès lors non reversible) fut certainement son bien, il aurait été reconnu. En tout cas, n'ayant que des filles, l'aînée, savoir Madeleine, hérita du fief en question.

Cependant on connaissait une ligne collatérale provenue du premier Jacques, premier seigneur de Mirambeau, par un enfant numéro six, lequel, nommé Poncius, n'eut que les fiefs appartenant à sa femme Françoise de Serre, possessionnée en Gascogne, fut de là surnommé *la Caze* (diocèse de Lombès), succomba au champ d'honneur (1574), car c'était un bon guerrier, comme Dunois joint à d'autres, et laissa pour fils un Jacques également dit *la Caze*. Mort en 1618, ce Jacques né dès avant 1574 (fils majeur en 1608; *voir* plus bas), existait bien à l'époque où cessa de vivre Antoine (1586); voyons donc ce qui le concerne, chose doublement importante, puisqu'en son père se rencontre *le cadet de branche cadette* dont parle notre préambule. Il était le dernier mâle de toute la ligne directe, à part les sujets précités que, sans doute, on ne compte plus. Quel est son rôle néanmoins, et quant à sa propre branche, et quant à la tige-mère? 1° Il *regarde faire* lorsque ladite Madeleine, fille aînée de Jacques II (son cousin germain paternel), *se fait dame de Mirambeau*, terre dont elle gratifia le second de ses maris, Armand d'Escodéca-Boisse, cependant que déjà *Brouage*, *Plassac* et tels autres fiefs assignés pour apanage à Jacques Ier, son aïeul, étaient revenus aux mains d'Antoine, chef de la race, indice net s'il en fut. 2° Il *regarde* en-

core tout ce que *fait* Antoinette, content des fiefs
et du nom qui, d'abord à son géniteur en qualité
de conjoint, lui vinrent du chef maternel et pas-
sèrent à ses hoirs, fait établi sans réplique, d'abord
parce que dans des lettres de Henri, roi de Navarre, du 5 juin 1588 (deux ans après la mort d'Antoine), Françoise de Serre, sa mère, est nommée
dame de la Caze; ensuite parce que lui-même,
dans le contrat de mariage qu'au 22 octobre de
l'année 1608, contracta son fils Jean-Jacques,
s'intitule seulement, *seigneur des baronnies de la
Caze et Montgaillard, de Roquefort-de-Marsan et
de Thors*, tous domaines venus par femmes. On
voit que c'est là justement, voire même à pire
dose, comme avait agi Poncius *resté seigneur de
Bourg-Charente*, terre acquise de ses deniers,
remarque déjà connue; c'est dès lors à juste raison que lui devient applicable ce qui peut concerner l'autre. Quant à la décision commune,
voici de quoi la formuler. D'après les textes produits, il est sûr que dans le cas où quelque branche légitime aurait été subsistante lorsque Antoine
décéda, l'héritage de ce dernier lui serait venu
par droit. Il n'est pas moins assuré qu'aucune ligne
soit bâtarde, soit mêmement reconnue, ne pouvait en rien y prétendre; donc toute ligne exis-
tante non héritière d'Antoine, et se le tenant pour
dit en présence d'une fille investie, elle, des biens
légalement dévolus à tout mâle de l'estoc, par
substitution perpétuelle, fait que les intéressés ne

pouvaient pas ignorer, quand même le testament de Guy, mort en leur propre siècle, ne l'aurait pas rappelé, ainsi qu'on le voit plus haut, était dans la condition précédemment énoncée, qui, générique, au surplus, affecte à puissance égale ses représentants quelconques, vu l'indélébilité de leur vice originel : « Filius legitime natus ex bastardo, non potest dici nobilis, cum nascatur ex radice corrupta. » *Chassanée*, loco citato, p. 417.) — « Le fils légitimement né d'un bâtard, ne saurait être dit noble, par la raison qu'il provient d'une source corrompue. »

D'après ces considérations, qui prouvent d'autorité qu'aucune branche légitime, issue de la tige directe, n'existait à la mort d'Antoine, dernier sire, dernier mâle quant à cette même tige, il est clair, en général, que nulle famille actuelle, se disant formée alors, n'a pu être *branche* et ne l'est; car enfin comment se débattre contre un arrêt solennel, qui déclare *propres aux mâles* les fiefs *substitués* de Pons, la certitude que, sans trouble, une *fille* a recueilli ces mêmes fiefs *substitués*, et l'insurmontable fait que, bien après la mort d'Antoine, l'un des individus nommés se qualifiait *Bourg-Charente*; l'autre *seigneur de la Caze*; en thèse particulière, que toute lignée (s'il en est), se prétendant provenue ou du premier ou du second, tombe, sauf erreur matérielle, sous la réprobation marquée : *Nemo dat quod non habet.*

MAISON DE PONS AU XVIe SIÈCLE.

(Les rejetons légitimes sont en petites capitales.)

François Ier

1° François II, sire de Pons.   2° Jacques Ier, seign. de Mirambeau.

1° Antoine, sire, de Pons, mort en 1586. — 2° etc. — 8° Charles, seign. de Brosses, mort vers 1573. — 9° trois filles.   1° etc. 3° François seig. de Mirambeau, mort avant 1586. — 4° Jean, seign. de Plassac et Lorignac, mort avant 1586. — 5° Antoine, seign. de Verneuil, mort, id. — Poncius, dit seign. de la Caze, mort en 1574.

1° etc. 8° Antoinette, dame de Pons, mariée au baron de Miossens. — 9° etc. Poncius, dit seign. de Bourg-Charente, vivant en 1607.   1° Jacques II, seig. de Mirambeau.   Jacques, dit seign. de la Caze, mort en 1618.

etc. Suite des sires de Pons-Miossens, éteinte en 1692. — Renaud, dit seign. de Bourg-Charente.   1° Madeleine, dame de Mirambeau. — 2° Cinq filles.   etc., etc. Si tant est que quelque famille se rattache à cet auteur.

Nota. La thèse précédente ne saurait, bien entendu, nuire à certaines familles, qu'ont, plus tard, légitimées le mérite et les services.

ANNEXE COMPLÉMENTAIRE.

I. Le précédent exposé, historique de sa nature, n'offre et ne pouvait offrir nulle application spéciale. Il aurait fallu, d'ailleurs, connaître les actes privés des personnes à mettre en cause. Toutefois, on peut s'occuper des circonstances avérées qui concernent ceux ou celles qu'une prétention connue rend passibles de contrôle. C'est ainsi donc qu'au dernier siècle le comte de Pons, nommé tel, vu apparemment l'idée admise alors *sur parole*, qu'il était des sires de Pons, ayant produit ses papiers au cabinet du Saint-Esprit pour être apte à recevoir les anciens honneurs de la cour, jugea bon de se réduire à solliciter simplement une réception *par grâce*, ce qui n'est autre que *sans preuves*, et cela quand la belle porte où passaient les plus grands noms devait s'ouvrir dans quelques mois. A l'égard du témoignage, il se trouve dans une lettre officiellement écrite à M. de Béringhem, premier écuyer du roi, par feu M. de Beaujon, généalogiste des ordres, et dont voici le début : « M. le comte de Pons m'a fait l'honneur de me communiquer ses titres ; mais ils sont en si grand nombre, que mes occupations ne me permettent pas d'y donner le temps qu'exige leur examen, et je me vois obligé de différer jusqu'à l'été prochain. D'ailleurs, vous êtes trop instruit, Monsieur, pour ignorer combien il est suscep-tible *de la grâce qu'il demande*, etc. » (13 février 1767. *Registres originaux* de l'ancien cabinet des ordres, encore existants à cette heure.) On voit que la filiation n'était pas *examinée*, puisqu'on avait *dû différer*. Ajoutons qu'aucun travail revêtu de caractère n'a été fait subséquemment, ni là ni nulle autre part. C'est encore ainsi qu'une dame qui fille d'un personnage nommé vicomte de Pons, se tenait seule descendante des propres sires de ce nom vivant il y a *sept siècles*, mise en demeure d'éta-blir son ascendance voulue, a *seulement* exhibé *deux actes d'état civil*, écrits sur papier timbré à 70 centimes, et, par suite rigoureuse, laisse à deviner comment se comportait l'assertion, qu'au-cun juge assurément n'a pu jamais ni ne peut, sous peine d'arbitraire énorme, et qu'est-ce que l'arbitraire? tenir ainsi justifiée, joint à ce que mille sentences ne la justifieraient pas. Nous ne préjugeons rien; cependant il est parfaitement sûr qu'au cas où cette famille, nouant les anneaux de sa chaîne, *qui ne l'ont jamais été*, viendrait à se montrer issue desdits *Bourg-Charente* ou *la Caze*, il faudrait la renvoyer, pour sa condition quant aux *sires*, à ce qu'on a déduit plus haut sur ces au-teurs et consorts : *non sunt de domo ac familia seu agnatione patris*, à moins de preuve contraire.

II. Si créance est due au proverbe : *homo lupus hominis*, on peut s'attendre à voir quelqu'un chercher en ce qui précède le moyen de réagir contre la branche Ponts-Asnières. Un mot donc aussi là-dessus.

Ladite branche ne se trouve en aucun des cas précités, rien de faux ou d'équivoque n'existant d'ailleurs chez elle. A l'égard des raisons proban-tes, il suffirait de rappeler que le mémoire officiel dressé au cabinet des ordres, dont les archives du royaume conservent l'original, fait lire textuel-lement : « La maison d'Asnières est d'une noblesse ancienne et *pure* de Saintonge, etc. » Cependant on ajoutera :

1° Que dès sa formation (vers 1180), on la voit, contrairement à la famille de *Gascogne* qui, plus haut, est mentionnée (Jacques de la Caze et les siens), posséder en *Saintonge* même plusieurs fiefs patrimoniaux, notoirement provenus ou des propres sires de Pons, ou d'une femme entrée chez eux (Agnès d'Angoulême-Oléron); soit, quant aux premiers, *Asnières* (seigneurie, château et bourg sis près la ville de Pons), *la Chapelle-de-Boys*, *le Breuil-Charles*, des fiefs à *Pérignac*, *Montils*, *Taillebourg*, etc.; quant à l'autre, des fiefs à *Plassac*, ainsi qu'à *Tonnay-Charente*, *la Barbenchière*, *Sarminières*, *le Choumar*, etc.; au point qu'avant 89, tout gentilhomme saintongeois, interrogé sur *Asnières*, répondait immédiatement : *fief ancien partage de Pons.*

2° Que son *parage*, mot formé du latin *par*, pareil, lequel désignait l'état des cadets cohéritiers à l'égard du fief paternel, se trouve être déclaré avec les sires de Pons, dans la *minute originale* des preuves pour la noblesse, qui, déduites sur les titres par feu M. Chérin père, généalogiste de France (1780), ont procuré à ses membres lesdits honneurs de la cour ; *minute* qu'a certifiée, telle qu'on vient de l'énoncer, le savant M. Dacier, qui, administrateur en chef (Bibliothèque royale), avait qualité pour cela, cependant que des *commis* ou certaines autres personnes osent nier son caractère, en présence (fait incroyable !) de trois cents pièces *pareilles* concernant trois cents familles, que ladite bibliothèque conserve en de nombreux cartons, comme archives appartenant à l'ancien cabinet des ordres, et, surtout, de *lettres patentes* (1787), registrées légalement, qui rappellent sa présence à ce même cabinet ! *minute*, enfin, dont autrefois le parlement réuni n'aurait pu ni retrancher ni contester une syllabe, parce que, émanant d'un juge *souverain* en ces matières, le roi l'avait sanctionnée par *l'admission*, résultant de *tout* ce qu'elle contenait, texte, notes, émargements, et qui, par des *attendu que*, fut naguère mutilée, tordue, au point qu'on lui fait dire l'opposé de ce qu'elle dit ; que, de plus, le fait en cause a sa justification d'abord parce que ses chefs ne devant aux seigneurs de Pons que la *seule féauté* (voir lesdites *preuves de cour*, année 1235), étaient dès lors exempts d'hommage, ces deux choses étant fort distinctes, comme l'établit

Brussel dans son Examen des fiefs, et que l'exemp-
tion de l'hommage (*voyez* tous les jurisconsultes)
n'appartenait qu'aux *parageurs* , lesquels à la fin
du *parage* devenaient hommagers eux-mêmes ,
comme il arriva de fait en 1384; puis dans un titre
de croisade (1249), en ce que ses termes apprennent qu'un chevalier (banneret) , nommé Guillaume d'Asnières , et des siens (*preuves citées;* voir
également plus loin), avait alors pour seigneur
le seigneur du seigneur de Pons (Alfonse , comte
de Poitou, troisième frère de saint Louis), duquel
il tenait ses fiefs *(ibidem),* et notamment celui du
nom; que tel était le privilége, voire même à titre
exclusif, de tout *cadet parageur,* attendu sa co-
possession dans le fief de son aîné, sur quoi nous
rappellerons que la seigneurie d'Asnières fut toujours *membre de Pons.*

3° Fait péremptoire, que dans les dénombrements *fournis aux sires de Pons,* la susdite seigneurie se trouve qualifiée *mayne ;* que les puînés
anciennement étaient dits *maynes* ou *maynés*
(*minor natu*) : « La part de l'éclipsement du fief
des *maynes* est tenue aussi noblement que le
principal de leur *aîné* » (*ordonn. de Philippe Auguste;* mars , année 1210 ; *voir* aussi Trévoux et
autres); que leur part dans l'héritage avait , à
titre générique, ledit nom qualificatif; enfin qu'un
fief appelé *mayne,* originairement tenu de qui possédait le gros (cas précis de notre espèce), témoi-
gnait que le tenancier était *mayné* quant à ce chef.

4° Que les *parageurs* non hommagers de l'aîné, ayant le même seigneur, la même justice que lui, en un mot étant ses pareils : *sunt enim pares in feudo qui feudum tenent jure paragii* (Cujas), participaient conséquemment à tous les droits de famille. Or, il est bon de savoir que l'église *domaniale* de l'Hôpital-Neuf en Pons, construite par Geoffroy Ier, son bien propre, sa sépulture (1191), devint celle de sa race : « Eligimus sepulturam nostram in ecclesia hospitalis *nostri* novi de Ponte, ubi prædecessores nostri sepeliri consueverunt, etc. » (*Testam.* de Renaud, sire de Pons, année 1302; Bibl. royale.) — Autre testament de Geoffroy, sire de Pons, dans lequel il ordonne sa sépulture « in hospitali novo S. Johannis de Ponte, ubi, dit-il, sunt et consueverunt prædecessores nostri sepeliri, etc. » (*année* 1317; ibid.); et que tel en advint alors au regard des seigneurs d'Asnières, femmes et enfants compris, durant six générations, savoir à ne nommer que ceux dont les titres sont connus : Arsende de Lusignan (et dès lors Gombaud, son mari, joint à PONTUS, père du même), Guillaume leur fils (et, sans doute, Gombaud II, né de ce dernier), Gombaud III, fils de Gombaud II, Agnès de Maumusson, sa femme, bref, Gombaud IV, leur premier fils (*preuves de cour* déjà citées). Notons qu'après ce dernier, le *parage* ayant pris fin, conformément à la coutume, et par suite les droits de famille qui entraînaient *parité*, la nouvelle sépulture, à

commencer par son frère (Hélie ; *voy*. ci-après),
fut l'église de Saint-Martin (*ibidem*) où, avant
l'Hôpital-Neuf, les sires de Pons et les leurs avaient
été ensevelis.

5° Qu'un original (année 1250), que possède
encore à cette heure la Bibliothèque royale, c'est
à savoir, transaction entre Arsende de *Lusignan*
et son fils Guillaume d'Asnières, donne à lire le
nom de Pons au nominatif latin singulier devant
celui du partage : « Exceptis domo et feodo de
Asneriis, et domo in qua Pontus de Asneriis,
miles, avus dicti Guillelmi morabatur, etc. ; »
non moins que des lettres patentes d'érection en
marquisat, registrées au parlement, qui, après
avoir désigné les ancêtres de l'impétrant dont en
titres originaux il avait déjà rapporté une *filiation suivie* annonçant *une origine* et TRÈS-HAUTE et
très-ancienne, mots notés par M. Chérin dans son
travail officiel, ajoute, quant aux degrés : « Pontus
d'Asnières, propriétaire du fief d'Asnières, près
Pons en Saintonge, vivait avant l'an 1200 ; il fut
père de Gombaud...; de Gombaud vint Guillaume,
seigneur d'Asnières, etc. » Notez ici que Pontus
ne saurait être confondu avec le prénom commun
Poncius, venant d'un soldat romain, martyrisé en
Espagne au ve siècle de l'ère, et qu'on doit écrire
Ponce, témoin Ponce de Léon, littérateur espagnol, au lieu de *Pons*, comme il se fait, par la
raison décisive, outre celle de l'orthographe, que
le doyen qui dressa l'acte, l'ayant comme appel-

latif, débute justement ainsi : « *Poncius* Dei graçia Xanctonensis decanus, » et, si besoin échéait, que le susdit personnage étant *premier seigneur d'Asnières*, ne pouvait avoir ce nom comme propre nom de famille, ce qui en présuppose un autre, d'autant plus que, chevalier, il était noble de *race*. A l'égard des encroûtés de n'importe quelle robe, nous les invitons à lire ces mots d'une dissertation où M. Chérin père explique avec sa haute autorité, que le prénom *Pons* (ou *Ponce*) s'écrit en latin *Poncius*, et, du reste, frappe de mort une des intentions susdites : « Ceux qui prétendent que ces deux maisons (de Pons et Pons-S.-Maurice) ont une origine commune, et ne font conséquemment qu'une seule et même race, se fondent sur trois choses, la ressemblance du nom, la conformité des armes et l'identité du berceau, qui, examinées de près, ne peuvent servir de base à la moindre présomption. Les noms de ces deux maisons sont tout à fait différents; celui de la maison de Pons-Mirambeau a été formé de celui de la terre de Pons en Saintonge, qu'elle a possédée et qui est écrit en latin *de Pontibus* et quelquefois *de Ponte*, mais très-rarement; et celui de la maison de Pons-S.-Maurice est patronymique, c'est-à-dire nom de baptême, devenu nom de famille, formé du latin *Poncius*, en français *Pons* sans l'article *de;* aussi tous les sujets de cette maison se sont surnommés dans les titres latins *Poncii* (c'est le génitif de *Poncius*), et Pons dans les titres français, depuis 1259 jusqu'à environ

1600 qu'ils ont commencé à mettre l'article *de*, etc., etc. » (*Registres* toujours existants de l'ancien cabinet des ordres.) On pourrait encore montrer que le prénom *Poncius*, se fait lire quinze fois avec le nom *de Ponte*, dans un titre de 1200. Il sera dit, pour terminer ce qui concerne la matière, que le nom des sires de Pons, communément écrit *Pons*, l'est encore quelquefois *Ponz*, *Ponx*, *Pont*, enfin *Ponts*, mode, en tous cas, primitif, que notamment les auteurs du *Gallia Christiana* ont adopté dans leur ouvrage.... : « Hinc conjicimus eum esse omittendum et referendum ad Petrum IV, quæ legimus in apographo, ann. 1240, in quo legimus : *Petrus Dei gratia Xanctonensis episcopus, ad instantiam domini* (*Roberti* DE PONTS) *militis, has nostras præsentes litteras decano et capitulo Xanctonensi dedimus,* etc. » (Tom. II, *col.* 1074); et dans les titres latins, *Pontius* au nominatif, *de Ponto, de Ponte, de Pontibus,* à l'ablatif tant singulier que pluriel, comme, au surplus, *Borbonium,* dont chacun sait que l'ablatif, quand on parle du seigneur conjointement avec la terre, s'écrit *de Borbonio.*

6° Que les plus anciens de ses titres filiatifs épars en diverses provinces, soit, entre autres, un vieux testament de nécessaire importance pour joindre le corps à la tête, qu'une royale abbaye (Saint-Amand-de-Boixe, Angoumois) recelait dans ses archives, n'ont pu se trouver réunis qu'en 1700, vers la fin, époque de leur production au cabinet du Saint-Esprit; d'où résulte qu'en l'an-

née 1586, ses droits, aujourd'hui patents, durent
être et furent inertes, faute de pouvoir remonter
autrement que par tradition au principe généra-
teur dont la séparaient quatre siècles, quand
même les guerres civiles, où les membres des
deux familles combattaient aux rangs opposés, à
Moncontour, par exemple, n'y auraient pas mis
obstacle. Au reste, ledit testament (*année* 1401 ;
Bibl. royale), qui n'a revu la lumière que par
lettres de compulsoire, obtenues en chancellerie
(1782), est celui de *Poncius*, chevalier, seigneur d'Asnières, dont le sixième ascendant était
le susdit PONTUS, la mère Létice de PONS, le fils
(puîné) Gombaud (IV) et le petit-fils Séguin ,
demeuré seul héritier après son oncle (Andreas),
lequel Séguin, sans conteste, est l'auteur en droite
ligne de toutes les branches actuelles : « Eligo
sepulturam meam in ecclesia conventus Sancti
Martini de Ponte , in loco ubi jacent Leticia DE
PONTE, mater mea deffuncta, et dominus Helias de
Asneriis , miles , dominus dicti loci , quondam
pater meus , etc.... Item , volo et præcipuo quod
post illius dicte sororis meæ obitum , ad Seguinum
de Asneriis dilectum filiolum meum filium Gom-
baudi de Asneriis domini de Gaignon, aliter Ca-
pella, filii mei, dicta domus de Asneriis... rever-
tatur, etc. » (L'acte parle ici non du fief , mais de
son *abergement*, maison noble près du manoir.)

7° Pour trancher net ce qui serait du *légitime*,
ajoutant, d'ailleurs, *qu'on essaye*, que le *parage*
est établi de manière incontestable, et que, sans

légitimité, nul *parage* n'existait : « Nam uti paragii capaces non nisi legitimi hæredes sunt; »
(*J. Schilter*, de Paragio et Apanagio); joint à ce
que dès l'origine, jusqu'au septième degré, sans
préjudice du reste, tous les sujets de la maison
obtinrent la *chevalerie*.

— On croit devoir annexer à cette note suc-
cincte, ce qui peut être nécessaire pour montrer
à quelle époque et comment ladite branche est
sortie des sires de Pons. Voyez donc la table sui-
vante, extraite d'un travail complet relatif à la
matière, et non encore mis au jour, travail où,
bien entendu, les preuves sont exposées.

En attendant, nous défions qui que ce soit, et
notamment certain de nos adversaires, homme
d'ailleurs fort en crédit, de réfuter sérieusement
un SEUL des points ou des faits consignés dans ce
paragraphe. Que si (moyen toujours commode)
ses grandes occupations interdisent à son verbe
l'appui des preuves écrites, nous prenons la liberté
de l'engager en ce cas à ne plus confondre du
moins la *tenue en gariment* avec la *tenue en parage*, vu que la condition de l'une est par essence
radicale contraire à celle de l'autre (*voir* spécialement Béchet, sur l'usance de Saintonge), et
surtout à ne plus dire que la *minute originale*
mentionnée précédemment, que couvrirait au
besoin la signature d'un chef dont sans doute
l'autorité pesait un peu plus que la sienne, est
l'œuvre de Pavillet, fût-elle écrite entièrement par
ce *clerc* collaborateur.

JONCTION DES SEIGNEURS D'ASNIÈRES AVEC LES SIRES DE PONS.

1º Geoffroy Ier, sixième sire de Pons, mort en 1191. Fmes : Ire, Agnès d'Angoulême-Oléron; 2e N. de Mortagne.

2º Renaud dit *l'Ancien*, seign. de Pérignac, vivant encore en 1228.

Ier lit : 1º Renaud Ier, sire de Pons, mort en 1228.

2º Geoffroy dit Pontus *de Asneriis*, chevalier, 1212, déjà mort en 1235.

2e lit : 3º Richard, seign. de Mortagne.

1º Renaud II, sire de Pons, mort en 1252 à la terre sainte.

2º Gui dit Rudel, seign. de Mortagne après son oncle Richard.

etc. 2e maison de Mortagne, éteinte fort promptement.

1º Gombaud Ier, seign. d'Asnières, chev. 1235, mort avant 1250, femme Arsende de Lusignan.

2º Autre Gombaud, chev. tit. de 1252.

3º Robert, qualifié chev. dans le mémoire dressé au cabinet du Saint Esprit, donation à Saint-Genis (1281). C'est sans doute le Robert chev. (1240) qu'on voit nommé Robert *de Ponts* dans le 2e vol. du *Gallia christiana*, col. 1074.

1º N, mort jeune.

2º Geoffroy II, sire de Pons.

3º Renaud, sans enfants.

4º Raymond, *idem*.

5º Poncius, doyen puis év. de Saintes, auteur de la transaction entre Arsende de Lusignan et son fils Guillaume d'Asnières.

etc. Suite des sires de Pons, éteinte en 1586, dans la personne d'Antoine.

1º Guillaume, seign. d'Asnières, croisé, 1249, chev. banneret, transact. de 1250 avec sa mère.

2º Hilaire.

1º Gombaud II, mort avant son père.

2º etc.

1º Gombaud III, seign. d'Asnières, chevalier.

2º etc.

1º Hélie, seign. d'Asnières, chevalier ; femme Létice de Pons.

2º etc.

1º 2º Poncius, seign. d'Asnières, chev. testament de 1401.

3º etc.

etc. Suite des seign. d'Asnières, comtes *idem*, marquis de la Châtaigneraye, subsistante et, depuis Pontus, justifiée de père en fils jusqu'à la présente époque, tant par des titres existants que par les *preuves de cour*.

— Un immense plaidoyer a retenti dernièrement. On ne dira rien sur l'homme, sinon que
l'urbanité ne semble pas être son fort. Quant au
discours en lui-même, écho de faits mensongers
ou mis en fausse lumière, il contient à peine un
mot que le précédent exposé, sincère, lui, de tout
point, ne réduise pas à zéro. *Voilà comme on
écrit l'histoire.* Au demeurant c'est assez; que cinquante arrêts surviennent disant, redisant, con-
firmant que le *travail de Chérin* n'est pas le travail de Chérin; que la *puînesse* qu'il déclare
résulter de titres produits, ne justifie pas la puînesse; qu'avec *deux actes de naissance* dont le
plus ancien remonte à 1745, on prouve suffisam-
ment une ascendance de *sept siècles,* et dès lors,
qu'on est recevable à contester un auteur né
en 1180; que PONTUS, nominatif d'un véritable
nom de race, est le prénom *Poncius,* lorsque,
dans la vieille chronique de Bernard Itérius, chacun peut lire notamment: *Kal. Augusti* (1217)
Poncius DE PONTO *fit episcopus de Santonas* (Rec.
des hist., *tome* XVIII), qui tranchent la double
question, puisque le nom DE PONTO, ablatif originaire, *barbarisé* en *de Ponte,* voire même en *de
Pontibus,* ne peut avoir que PONTUS pour nominatif singulier, à moins qu'on n'en vienne à prétendre que *dominus,* à l'ablatif, ne fait pas *de
domino;* ou bien tel nom de baptême, sans faire
connaître, par grâce, quel est le martyrologe où
se rencontre *saint Pontus,* etc., etc.; à la bonne

heure, il sera dit; mais *quid* aux yeux de la raison? *Quid* à ceux de l'équité? Quel siècle enfin que celui où se disent de telles choses sur le *dire* d'un agresseur sans qualité, sans droit d'action!

Quelqu'un a voulu que Pontus ne soit pas un nom de famille, *parce que* les descendants n'eurent ce même appellatif; quelle ignorance profonde! Est-ce que dans le xiie siècle, et plus tard, les branches n'étaient pas astreintes au nom de leur fief principal? Est-ce que deux fils de France et toute leur postérité ne furent pas *Dreux, Courtenay;* le dernier rameau de saint Louis, d'abord *Clermont,* puis *Bourbon,* n'en offre-t-il pas autant; et, comme exemple moins haut, est-ce que, les premiers cadets de la maison Lusignan ne furent pas nommés *Lézay, Couhé, Saint-Gelais-Lansac;* ceux de Porhoët *Rohan,* etc., etc.?

—Voici les mots déclaratifs de la *puînesse paragère* que la *minute originale* dont il s'est agi plus haut porte à la marge du titre de l'année 1430 (c'est un des dénombrements fournis aux sires de Pons, quand l'hommage devint exigible) : «*Voyez celui de* 1384; *ces deux actes* établissent le parage *de la manière la moins équivoque; voyez encore* 1460-1482.» On rappellera sans plus : 1° que cet émargement, forme d'ailleurs habituelle au cabinet du Saint-Esprit, pour les travaux de ce genre, n'est pas moins indélébile que le reste de la pièce, puisqu'il s'y trouve, s'y réfère, et, du reste, a plusieurs semblables, dont un offrant ces paroles : « Gombaud d'Asnières, seigneur de la Chapelle,

est dit (*sans preuves*) père de Séguin, dans une induction faite devant la cour des aydes en 1686, »
nous était fort dommageable avant la *preuve* donnée par le testament qu'on a lu, en ce qu'il rom-
pait un anneau, sans que nul se pût permettre d'en
contester la valeur, tel ou tel *clerc* l'eût-il *écrit*;
2° qu'à M. Chérin il suffisait, pour juger, de voir
la qualité de *mayne* (fief de cadet; *voy.* plus haut)
appliquée dans les *quatre actes* à la seigneurie
d'Asnières, qui fut toujours *membre de Pons* (comme
Trianon de Versailles); puis d'observer que ce fief,
ensemble tous les domaines, n'étaient passibles
de *rien*, sauf *deux sols* à chaque mouvance, les
seuls fiefs *hors de parage* devant un si mince
acapt (Établissement de *S. Louis*), fait sur lequel,
faute d'étude, on s'est mépris jusqu'au point d'en
tirer un contre-argument. Cela répond à la sottise qui voudrait (et on l'a voulu) que ladite an-
notation ait entendu exprimer la *tenue en gariment* (c'est à savoir en garantie), dont l'acte parle
vers la fin. Il suffit, pour s'en convaincre, de re-
courir aux vieux traités, celui de Béchet, notamment, où l'on verra que l'essence de la tenue en
parage est qu'*il y ait succession*; et celle du gariment qu'*il n'y ait pas succession*. Que pouvoir
nier cependant, lorsqu'on lit dans un des titres
de la *minute* en question, que la terre de la Chapelle fut *toujours tenue de Pons*; et, dans un autre,
en propres termes, qu'elle était HORS DE PARAGE?

Il est peu besoin d'ajouter, pour les esprits rai-
sonnables, que les seules parties dans l'acte étant

le sire de Pons, en qualité de suzerain, comme aussi le seigneur d'Asnières, en qualité de vassal (très-récemment au surplus), l'ancien parage déclaré ne saurait concerner qu'eux.

— Quelques-uns et quelques-unes ont tâché de s'égayer à propos du nom de branche qui, selon l'usage d'alors, nous devint particulier. Ce *nom de fief* est très-noble, ainsi que tous ses pareils, et, durant près de huit siècles, fut très-noblement soutenu. Quelle pitié, si nous venions à jouer sur le nom des *Cars!* Ceux de cette ancienne famille dont Pérusse est le premier nom, s'appelèrent longtemps d'Escars. Maintenant ils sont des Cars, vu que leur terre, en latin, s'écrivait *de Cariis.* On trouve qu'ils agissent bien ; soit ; mais comment faire de même peut-il être chose étrange ? Ceci revient à *Pons* et *Ponts.*

III. Ce n'est tout. Certains personnages qui, aux attaques de front, préfèrent, avec prudence, le *divide ut regnas,* réduit aux proportions voulues, n'ont pas manqué de faire entendre avec accompagnement, que l'auteur de cet écrit est le premier de sa famille à qui soit venue en tête *l'idée* de se rattacher aux anciens sires de Pons. Il a déjà été lu qu'en Saintonge cette origine était de vieille tradition. Ici le coupable *idéal* vient déclarer nettement sur une parole vierge et, sans doute, estimée telle, que, loin d'avoir incertitude, son père a toujours maintenu que l'existence des siens remontait à ce principe, de sorte qu'en bonne justice il ne saurait être au pis qu'un fidèle continua-

teur. Voici venir maintenant une pièce concor-
dante qui touche à mots assez clairs tant le point
débattu qu'un autre. C'est une lettre autographe
sous la forme de minute, et retrouvée dans les
papiers d'un héritage domestique. Seulement, il
faut savoir que feu M. Chérin père, sollicité
par un des nôtres sur l'embarras qu'apportait aux
preuves en exécution l'absence de quelques actes,
répliqua textuellement : « Allez à Pons, votre berceau, vous y trouverez ce qui manque; » que le
prince de Marsan (Lorraine, branche cadette), auquel, vu les choses déduites, appartenait la sirerie ou principauté de Pons, fut prié d'autoriser
des recherches dans son trésor ; qu'il voulut
bien y consentir, et transmit un ordre conforme
à M. Roy, son archiviste, juge sénéchal de Pons;
qu'en prime abord, cet officier se contenta de
répondre (23 janvier sous l'année 1767) qu'à
part des renseignements de telle et telle nature,
il n'avait rien découvert; qu'alors advint ladite
lettre (12 avril de la même année) qui resta in-
fructueuse; bref, que sur un *nouvel ordre*, on
promit de chercher encore, malgré l'assurance
acquise qu'une seconde tentative demeurerait sans
résultat : « A mon retour ici, ayant fait part à
M. le sénéchal de la *nouvelle* recommandation du
prince en votre présence à son hôtel, à l'égard
des pièces qui vous intéressent, M. le sénéchal
m'assure, Monsieur, que par la sincère envie qu'il
auroit de vous obliger, quoiqu'il pourroit s'assu-
rer ne trouver *rien de plus* que ce qu'il vous a

fait part, qu'il a commencé et qu'il continuera, autant que les affaires courantes pourront luy permettre, suivant l'inventaire général des archives, à y faire une seconde tentative, *mais* il y désespère d'autant plus que, etc. » (*Rapport* envoyé de Pons, 6 juillet, toujours même date, original existant.) Disons de suite que, serré par les indications précises du pli reçu en avril, non moins que par une visite, qu'après toutes ces démarches on crut devoir aller lui faire, l'archiviste communiqua, pour ainsi dire *in extremis*, un acte du XIIIᵉ siècle, dont le sens n'était accessible qu'à la seule pénétration des experts en ces matières, le donna même, attendu qu'un double restait présent (il s'agit de la reprise *en augmentation de fief*, année 1235, qu'on verra plus loin signalée), et quant à ceux qui précédaient, se retrancha dans un *refus* motivé sur *ses devoirs*, paroles recueillies par nous de celui (c'était notre père) auquel on les adressa. Or, le feudiste en question était un fort habile homme ; maître d'un chartrier intact, d'ailleurs en ordre superbe, possédant même, on l'a vu, un *inventaire général*, il connaissait mieux que personne et que son prince, à coup sûr, ce qu'expose l'écrit présent, savoir, que la terre de Pons était un *fief masculin*, et qui plus est, *substitué*, qu'en présence de mâles quelconques, nulle femme ou ses ayants cause ne pouvaient légalement détenir à leur préjudice. Le reste se devine assez : tant il est clair qu'un partage antérieur à 1200 entre deux frères dont l'un aurait été seigneur de Pons , et l'autre seigneur d'Asnières (ce qui, du reste, est très-certain), pouvait amener derechef par-devant Sa Majesté *in parlamento suo*, la question déjà résolue en 1351, contre Robert de Mathas, fils de *madame* Yolende, au profit, comme on l'a vu, d'un *cousin* éloigné d'icelle, sans compter que le garde-charte, bon au point de l'avoir montré, fût-ce avec dix ordres en main, aurait pu chercher place ailleurs. On verra que l'écrivain de la lettre précitée en savait aussi quelque chose, tellement, sauf révérence, car celui-là fut notre oncle, que, sans vouloir y songer, il y songea trop alors, quoique à l'individu nommé cet éveil n'apprenant rien, le seul mal se réduisît à montrer un œil ouvert ; disons rétrospectivement que les hoirs du précédent *Jacques* , supposé qu'il en existât, ne faisaient aucun ombrage, et cela probablement par le motif qu'on savait en 1586. Au demeurant voici l'épître, elle est du marquis d'Asnières , alors officier supérieur dans les mousquetaires gris, et plus tard maréchal de camp.

« *Lettre écrite à M. Roy, juge-sénéchal de Pons,
le 12 avril 1767.*

« Je n'ay pu répondre, Monsieur, à votre lettre du 23 janvier dernier, parce qu'elle m'est arrivée à la suite de tournées considérables que j'ay esté obligé de faire dans mes terres de Poitou. Je suis étonné que vous n'ayez fait que les découvertes dont vous me faites part. La terre d'Asnières d'où mes autheurs sortent, a de tout temps esté dans la mouvance de Pons. Il y a une *relation infinie* entre les deux seigneurs. Outre les foy et homages, aveux et dénombrements qui doivent s'y trouver, on doit y avoir *des actes passés pour des arrangements de famille.* Quelques notes que j'ai trouvées dans les branches de ma maison, m'en indiquent d'assez considérables. En douze cent trente-cinq, Renaud de Pons reconnoît que Gombaud d'Asnières, chevalier, prit de lui *en augmentation de fief,* celui de Sarmiguère et moulin de Tende, sous les mêmes foy et homages et droit de rachat, ainsi que les autres fiefs qu'il tenoit du même seigneur. Cet acte a esté produit dans le procès de M. d'Albret contre M. du Thirac, au présidial de Xaintes en 1673 ; il paroît aussi qu'on a au thrésor de Pons un acte de 1252, qui contient fondation au prieuré de S.-Geny près Plassac, de certaines terres, bois et landes autour du moulin de Tende, moyennant deux cartaux de froment, mesure de Pons, payables à la maison d'Asnières. Il y auroit *quelques autres titres* que je pourrois vous *rappeler,* Monsieur, *quoiqu'en très-petit nombre ;* mais vous êtes sur les lieux, M. le prince de Marsan vous accorde sa confiance, et je crois pouvoir espérer de votre honnêteté que vous voudrez bien m'estre utile dans une occasion fort intéressante pour moy, *sans compromettre les droits de M. le prince de Marsan, ne pouvant estre question d'aucune matière d'intérêt entre lui et moy.*»

Observation. Après avoir fait remarquer, 1° que l'acte cité (sous l'année 1235) parle non de foi et

hommage, mais seulement de *féauté*, chose entièrement distincte; 2° qu'on y lit *acapt*, redevance
de *parage*, tout autre que le *rachat*, inconnu
d'ailleurs en Saintonge; 3° comme atténuation,
qu'alors MM. les mousquetaires, assez peu jurisconsultes, n'étaient pas tenus de l'être, il sera dit
pour servir à l'intelligence du reste: — Jamais
l'usage ne fut de mettre en dépôt chez un tiers
étranger à la famille les *actes d'arrangements*
qu'elle pouvait consentir, lorsque, surtout, cette
famille possédait un château fort. Quand ces actes avaient lieu, on les faisait sur deux membra-
nes, l'une restant aux aînés, l'autre étant pour les
cadets. Il semble donc évident que, lorsque Pierre
dit à Paul que ses archives domestiques contiennent des actes privés corrélatifs à lui, Pierre, dont
les chartes sont perdues, Pierre s'estime appartenir à la famille de Paul. — Ces mots : *quelques
autres titres que je pourrais vous rappeler, quoiqu'ils soient en très-petit nombre*, se rapportent
sensiblement, malgré leur vague expression, au
partage primitif dont il est parlé ci-dessus, et tels
actes analogues, par la raison qu'avant Gombaud
il n'existe qu'un degré, savoir celui de PONTUS,
lequel effectivement ne pouvait avoir produit
qu'un *très-petit nombre* d'actes. Toutes ces indications résultaient des *notes* susdites. — Quant à
la dernière phrase que, sauf le respect entendu,
nous estimons hasardée, et plus encore que les
autres, elle n'a guère besoin d'être longuement
commentée, lorsqu'on sait avec l'auteur, que le

prince de Marsan tenait à *titre féminin*, l'héritage des sires de Pons, et qu'à ce même héritage, les *mâles* auraient eu droit. C'était précaution oratoire.

Épisode. Il est impossible que le mobile secret de ce qu'on vient d'exposer n'ait pas été mis sous les yeux de la personne intéressée à connaître au moins pourquoi ses ordres étaient mal suivis, d'où le *refus* par *devoir* antérieurement exprimé. Or, un petit incident, non étranger à ces faits, étant naguère survenu, en toucher quelque parole ne semble hors de propos. Le voici donc tel que de juste, et d'ailleurs livré sans glose à l'appréciation publique. On observera seulement que, pût-il exister un doute sur la foi du narrateur, si faible est l'intérêt du fond, lorsque tant de preuves existent, si pauvre encore est l'accessoire, que toute idée d'invention devrait être mise à l'écart.

Le seizième jour de septembre 1843, une lettre ainsi conçue arriva timbrée de Paris : « On croit rendre un service signalé à madame la marquise de la Châtaigneraye, en la prévenant que M. le marquis de Foudras a entre ses mains un titre original qui prouve d'une manière irréfragable que MM. de la Châtaigneraye sont de la maison des sires de Pons. M. de Foudras, étant fort lié avec le duc de Tourzel, aura peut-être de la peine à se dessaisir de la pièce en question ; c'est pourquoi l'affaire demande à être habilement et secrètement conduite. Toute l'habileté d'une femme n'est pas de trop pour cela. » M. le marquis de

Foudras, prié de venir, est venu. Dès les premières ouvertures, il a dit qu'effectivement une lettre datée de Metz écrite à feu son grand-père par M. le prince de Pons, et d'ailleurs signée en plein, se trouvait dans ses papiers; qu'elle expliquait avec détail comme quoi un jeune officier tenant aux seigneurs d'Asnières, marquis de la Châtaigneraye, sortait des sires de Pons; mais que l'ayant communiquée à son ami de Tourzel, qui, du reste, etc., il croyait devoir songer au fait de s'en dessaisir. De là le billet subséquent adressé sous enveloppe *à la princesse de Pons*, et souscrit avec paraphe, où se remarquent ces mots : « Je pense sans cesse à votre désir, et je m'encourage à le satisfaire, sans pouvoir vaincre *mes scrupules*. J'aurai l'honneur de vous voir bientôt pour vous supplier de me pardonner des *hésitations* qui ne sont pas des refus, etc., etc. » De là, enfin, ce qui plus tard, après certaine condition, mérita certaine réponse enregistrée à la poste, dans laquelle, entre autres choses, il était dit au possesseur « *qu'on ne voulait plus de sa pièce.* » Notez, pour cause, que l'épître existe réellement; que nous savons dans la famille qu'un des nôtres (de l'Angoumois), était en garnison à Metz précisément à l'époque où le prince y commandait, et, selon toute apparence, que la partie héraldique de l'épître sus-énoncée fut prise sur le travail qu'audit prince de Marsan dut transmettre son archiviste.

—Un écrit portant ces mots a été rendu public :
« Du reste, sans renoncer à ma qualité de rejeton
mâle des sires de Pons, je vais, aux droits de *Létice de* Pons, mon arrière-aïeule directe, faire as-
signer M. le duc de Tourzel à comparaître devant
M. le juge de paix du xe arrondissement, pour
qu'il ait à faire ôter de la tombe de son grand-
père maternel, la qualité de *dernier sire de Pons*,
vu que ni le précité, ni personne de sa famille,
n'a été *sire de Pons*, l'histoire attestant qu'Antoinette, fille d'Antoine, *dernier sire*, mort en 1586,
devint son unique héritière, *sans que nul ne le
contestât*, joint à ce qu'aucun des siens, et sa fille
notamment, n'ont même JAMAIS établi qu'ils tenaient aux *sires de Pons*. »

Il se dit que, dans la famille, on s'est chaude-
ment récrié; je ne sais; mais, en ce cas, telle serait ma réponse : Quoi! vous trouvez abominable
que je veuille, titres en main, toucher la *tombe*
d'un des vôtres, lorsque sans droit, sans intérêt,
prétendant faire barbouiller un acte civil de naissance, vous osez ne pas respecter le *berceau* de
mon jeune fils. Allez donc; à quelle balance avez-
vous pesé cela?

— On nous communique à l'instant une lettre
sur la matière qui, bien que fort inattendue, ne
nous a surpris nullement, la parfaite identité de
nos armes primitives avec celles des sires de Pons
étant établie au moyen de sceaux que la bibliothèque conserve pendant à des actes de l'une et

l'autre famille (années 1302, 1331, 1373, 1414, 1351, 1403, 1405). Adressée à M. Crémieux, elle est écrite et signée en prévision d'une réplique, par M. de Barbézières, avocat à la cour royale, que nous remercions du fait. En voici les éléments :

« Monsieur et honoré confrère,

« J'ai lu dans la *Gazette des Tribunaux* d'hier la plaidoirie que vous avez faite pour M. le marquis d'Asnières sur la juste prétention qu'il élève de prendre le nom de Pons ; aux preuves que vous avez données, je crois devoir vous ajouter les renseignements suivants que je trouve dans mes notes de famille. »

(Ces renseignements consistent en ce que : 1° Robert d'Asnières de Maisonnay, chevalier, seigneur de la Chapelle, de Gresnnes, des Rosiers et de la Mothe, se maria le 19 avril 1637. 2° Que Robert Bernard, marquis d'Asnières, chevalier, seigneur de Nitrat, de Lugérac et de la Barde, se maria le 9 mai 1775, et qu'au *premier* de leurs armes *coupées de deux*, ils portaient les armoiries des sires de Pons en Saintonge.) L'auteur finit par ces mots :

« La similitude des armes, surtout à cette époque, démontre on ne peut mieux l'origine de la même famille, c'est-à-dire le *parage* ; car comment croire que deux puissantes familles du

même pays puissent porter les mêmes armes?
Ce qui met sur la voie en dehors des autres renseignements, c'est qu'à cette époque la branche
aînée seule pouvait porter les armes pleines; les
puînés y ajoutaient soit un lambel, soit un crois-
sant, etc., ou *coupaient* leurs armoiries avec les
armes de leur principale seigneurie.

« Je souhaite que ces renseignements puissent
vous aider dans votre réplique.

« Votre confrère,

« DE LA HAYE DE BARBÉZIÈRES. »

Paris, 4 janvier 1845.

— Les deux susdits personnages étaient de la
première branche; leurs nom, ascendance et
suite, font partie des *preuves de cour* dressées par
M. Chérin en 1780.

ECLAIRCISSEMENT CRITIQUE

SUR LA DEVISE DE COUCY.

———

Notre siècle, Dieu sait pourquoi, tient fort en gré le moyen âge. C'est à merveille ; cependant bien serait aux exploiteurs de fabuliser un peu moins la matière des vieilles chroniques, et de connaître un peu plus les gestes, us et coutumes des temps qu'ils mettent en scène. Ceci nous est suggéré par la célèbre devise des premiers sires de Coucy, ou plutôt certaines variantes de son texte original, devise modeste et fière, disent les aligneurs de phrases, mais expression simple d'un fait.

La Roque, dans son traité (*page* 246), l'appelle un proverbe, commun, ajoute-t-il, en Picardie, et de même que dom Toussaints (*page* 84, note, en son hist. de Coucy), l'expose comme dessous :

> Je ne suis roi ni prince aussi,
> Je suis le sire de Coucy.

Jacques Chifflet, de son côté (*Vindiciæ Hisp.*, cap. vii, p. 60), la veut telle que ci-après :

> Je ne suis roi ne duc aussi,
> Je suis le sire de Coucy.

Bref, l'auteur d'un léger volume historico-romanesque, dernièrement publié (1844), sur les sires dont il s'agit, et, du reste, non sans mérite, l'allonge en cette manière, ou du moins possiblement la répète ainsi allongée :

> Je ne suis roy, ne prince ne comte aussy,
> Je suis le sire de Coucy.

Aucune de ces versions n'est conforme à ce qui doit être ; la première et la troisième ornée, elle, d'un vers bâtard clochant sur onze syllabes, contiennent spécialement une fausseté radicale ; nous entendons le *ne prince*, en ce que, bien sûrement, jamais les sires de Coucy, pas plus que leurs contemporains, n'ont pu dire pareille chose, considération applicable à cette autre diversité,

> Je ne suis roi, ne duc, prince, ne comte aussi,
> Je suis le sire de Coucy,

que l'Art de vérifier les dates, reproduisant de Belloi, proclame seule authentique, et qui, toutefois, ne vaut mieux que ses précédentes sœurs. On peut remarquer, en effet, outre les motifs subséquents, que dans le grave alexandrin, peu convenable, d'ailleurs, aux légendes héraldiques, *prince*, au lieu de suivre roi, selon l'ordre naturel, se trouve marcher après *duc*, et de cette anomalie, conclure à l'adjonction du mot, lorsque, surtout, il est patent qu'elle n'a été introduite que pour obtenir la mesure, impossible avec le contraire. Ajoutez que sans l'annexe, on a le vers dissyllabe, familier aux vieux poëtes, et, de plus, que ce même vers donne le texte véritable, comme on en jugera bientôt.

Un premier motif à déduire est, 1° que tous les seigneurs relevant de la couronne, soit ducs, comtes, vicomtes, ou encore possesseurs d'une *grande châtellenie*, s'appelaient *barons de France*, mêmement aussi *du royaume*, termes quelquefois remplacés avec ceux de hauts barons, et que les sires de Coucy, feudataires de la couronne (au dernier cas susénoncé), ce qu'on peut lire partout, étaient dès lors *barons de France*. Voyez Loyseau (*chap.* vii, p. 74), où les seigneurs *barons de France* sont dits être *grands châtelains*, et les simples châtelains *petits barons* seulement; 2° que ces barons, pairs entre eux féodalement, quel que fût, au surplus, le titre afférent à leur domaine, avaient génériquement la dénomination de *prince*, fait dont témoignent nettement une foule de passages, tant chez Loyseau que chez d'autres, savoir notamment ceux-ci : « Les grands vassaux de la couronne, fussent-ils ducs, comtes ou vicomtes, étaient autrefois indifféremment appelés *pairs*, *princes* et *barons*; pairs, comme égaux entre eux; princes, comme seigneurs des lieux de leur dépendance; et barons, comme les premiers et les plus puissants du royaume, etc. » (*Trévoux*, art. Baron.) — « Quant au premier point, il est certain que le mot *baron* égaloit jadis et mesme comprenoit en soy la dignité de *prince*, etc. » (Du Chesne, *Hist. de Montmorency*.) — « Die ubi imperatores et reges et ubi *principes aut barones*, ubi aurum et argentum ac ornamenta eorum ? » (*S. Augustin*, sermon 68, ad fratres in Eremo.)—« Doncques... les ducs, marquis et comtes.... ayant empiété les *droicts de souveraineté*, et de simples barons s'estant faits *princes*, les autres vassaux immédiats de la couronne qui n'avoient ces tiltres de ducs, marquis et comtes, et avoient aussi empiété les *droicts de souveraineté*, se qualifièrent *princes* particulierement, prenant l'épithète commune pour un tiltre particulier. » (*Loyseau*, liv. des seigneuries, p. 69.)—« Les registres du parlement de la Toussaint de l'an 1282, sous le règne de Philippe III dit le Hardi, contiennent une enquête du 12 décembre qui porte ces mots : *Appert que baronnie anciennement étoit* SEIGNEURIE SOUVERAINE *après le roi et dessous lui ; ainsi baronnie est plus que comté, attendu qu'il y a des comtes qui sont barons et d'autres non ; ainsi, tenir en baronnie, c'est relever de la couronne.* De là, l'on tire cette induction que les *barons du royaume* étoient pris pour les *princes*, et que le titre de baron surpassoit tous les autres tant de comte que de duc. » (*La Roque*, Trait. de la nobl., p. 240.) — « Chacun des barons si est *souverain* dans sa baronnie. » (*Beaumanoir*, Cout. de Beauvaisis, chap. 34.)

Un second argument résulte de ce que les personnages dont il s'agit en ce discours, étaient *sires*

(héréditaires), partant donc princes génériques,
sire et haut baron étant un ; voyez cette citation :
« Dès lors que les vassaux des ducs et des comtes
prirent le tiltre de baron , les *barons de France*
qui restoient pour se distinguer, prirent un aultre
tiltre et se qualifièrent *sires*, comme les sires de
Bourbon , Beaujeu , Coucy... et aultres , etc. »
(*Loyseau*, chap. vii , p. 69); et le haut baron
étant prince (*voir* plus haut à cet égard).

Un troisième peut-provenir de ce qu'en beaucoup de leurs actes, les mêmes sont nommés to-
parques (τόπος, locus ; ἀρχὸς, princeps ; ἀρχὴ,
principatus) : « Charta Ingelrami III, Codiacensis toparchæ.» (*Dom Toussaints*, ouv. cité); et ce
qui est plus décisif, qu'en leurs terres ils ont de
tout temps exercé les *droits régaliens*, ou, comme
Loyseau s'exprime , les *droits de souveraineté*,
privilége commun, d'ailleurs , à tous les *barons de
France*, ce dont témoigne notamment le texte de
Beaumanoir qu'on a ci-dessus reproduit.

Un dernier enfin serait qu'avant le règne de
Louis XII (à partir du xiii.ᵉ siècle), nul , compris les seigneurs du sang, ne portait le titre de
prince : « Toutefois encore ne trouve-t-on guère
en ce temps-là, qu'ils (ceux de la lignée royale)
se qualifiassent-princes, ains les seigneurs du lignage du roy. » (*Loyseau*; voir également Gode-
froy , Cérémonial français, p. 151 , 155, etc., où
les frères du roi, ses oncles, et autres de sa famille , sont nommés *barons*, *seigneurs*, ou seule-

ment *nobles hommes.*) — « Nobilis vir Alphonsus, comes Pictavensis. » (*Tit. de Croisade;* 1249); vu qu'à raison de ceci, le titre susénoncé n'a pu ni dû figurer en ligne avec duc et comte, où les auteurs cités l'ont mis, bien qu'il ait toujours eu force, et spécialement qu'aux siècles antérieurs à 1200, plein ait été son usage, fait déduit en ces paroles : « Cette dernière qualité (celle de baron) passait même au XIIe siècle, et bien avant dans le XIIIe, pour si noble et si relevée, qu'on quittait le titre de prince pour prendre celui de baron. C'est ce que fit le sire de Bourbon, environ l'an 1200, quoique ses ancêtres aient porté pendant plus de 300 ans, le nom de comte et de prince. » (*Trévoux,* loco citato.)

Quant au véritable texte de la devise en question, le voici tel qu'il était, et dans tous les cas a dû être :

> Je ne suis roy, ne duc, ne comte aussy,
> Je suis le sire de Coucy ;

auquel texte, forme écartée, revient cette paraphrase (*voir* d'Hozier, reg. v.):

> Roi ne puis-je être ;
> Duc ne veus être,
> Ne comte aussi,
> Mais grand seigneur de Coucy,

Gentillesse hétéroclite de quelque bel esprit moderne, également peu ferré sur les mœurs de cette époque (*voir* la suite pour ce trait), et la phrase grammaticale , mais ayant au moins le mérite d'être exempte du *ne prince.*

En ce qui concernerait la justification des termes que présente le distique, il sera dit succinctement : Abstraction faite de *prince*, tombé en désuétude comme titre particulier (*voir* ci-dessus), les hautes appellations étaient alors celles de roi, au premier chef bien entendu, de duc, de comte, *item* encore de vicomte à certains égards néanmoins , liste où n'entre pas le marquis, par la raison que ce dernier n'était autre dans le royaume qu'un duc ou comte , gouverneur de quelque marche (frontière), en sorte qu'il s'y trouvait des ducs et comtes marquis (*voyez* Aimoin et Mézéray); or, le sire de Coucy (Enguerrand III , au rapport de l'ancienne tradition) voulant marquer en sa devise que, sans autre qualité que celle de haut baron (ès titre de grand châtelain), il n'était pas inférieur, quant à la puissance publique, aux rois dans leurs propres domaines, non plus aussi qu'aux feudataires titrés à cause de leur fief, a dû certainement écrire (à part vicomte, le plus dispensant ici du moins, vu encore qu'une légende ne saurait tout comporter) : Je ne suis roi, ni duc, ni comte, mais je suis *sire* (haut baron), ce qui, du reste, est l'opposé de la sottise qu'on lui prête, le sire de cette espèce étant prince comme on l'a noté. Que si quelqu'un avait doute sur l'interprétation déduite, qu'il veuille d'abord observer que le dire, en autre hypothèse, n'aurait été rien, sinon une jactance ridicule, puis analyser le sens qu'offriraient aujourd'hui ces mots : Je ne suis empereur, ni roi, ni duc ou comte souverain, mais je suis maire de bourgade, bien qu'à parler franchement, ledit sire ait été mieux qu'aucun *municipal*, quand même il s'agirait de Paris, non, toutefois, que, suivant tels fabricateurs d'histoires, le personnage ait été jusqu'à viser à la couronne. Voir l'Art de vérifier les dates, puis, comme donnée rationnelle, considérer s'il est croyable que Pierre, duc de Bretagne, Thibaud, comte de Champagne, Philippe, comte de Boulogne, et autres princes malcontents, eussent prêté les mains au fait.

Sire, du grec κύριος, *herus* (κυριότης, *dominatio*), ou moins anciennement κῦρος (Chifflet, *Vindiciæ Hisp.*), est une des expressions qu'a le plus affectées l'usage; aussi jugeons-nous à propos d'écrire les lignes suivantes, d'autant que, sur la matière, les contemporains ne sont aucunement édifiés; en témoignage de quoi, on peut citer l'auteur moderne des récits où se rencontre la devise réfutée, qui (*page* 158) suppose que la reine Blanche disait au sire de Coucy (Enguerrand III), sire Enguerrand (*voy.* plus bas). — Quant aux acceptions diverses qu'avait autrefois le mot *sire*, excepté le sire tout seul, qui, subséquemment, on le sait, ne fut propre, comme à cette heure, qu'aux personnes des monarques, et même, selon Pasquier, s'appliquait jadis à Dieu : *beau sire Diex, notre sire Dieu, sire des sires* (Apocalypse), sire devant un prénom (sire Jacques ou sire Paul), sans parler de ces locutions : *beau sire, pauvre sire* et le reste, dénotait quelqu'un de la plèbe ; cependant que *sire prouvaire, sire archer, sire majordome*, était formule bénévole ; devant le prénom et le nom (sire ou messire Jean de Trie), un noble fait chevalier, dignité toute personnelle ; avant le nom d'un fief majeur sous tel suzerain privé (N. sire de Châteaubourg), le seigneur de ce même lieu, qualification ordinaire qui se comptait par centaines en plusieurs de nos provinces (Poitou, Bretagne, etc.). Mais quand le prénom et le nom précédaient les mots *sire de. . .*, alors qu'immédiatement venait s'adjoindre le nom d'un fief, *grande châtellenie*, ou bien, de façon plus nette, conformément au passage déjà transcrit d'après Loyseau, quand le *sire* dénommé se comportait *baron de France*, la thèse était fort différente. C'est ainsi que (*voyez* la Roque, etc.) Archambauld de Bourbon, *sire de Bourbon*, Enguerraud de Coucy, *sire de Coucy*, et pour la seconde race, Arnould de Guines, *sire de Coucy*, Humbert de Beaujeu, *sire de Beaujeu*, Hugues de Lusignan, *sire de Lusignan*, Renaud de Pons, *sire de Pons*, tous seigneurs *grands châtelains*, ou encore ad libitum, *sire de Bourbon* et la suite, marquaient un *sire héréditaire*, titre identique à haut baron qui, sera-t-il répété, comprenait celui de *prince*. Telle est la réponse à donner aux personnes qui peuvent croire que certains notables seigneurs qu'on trouve qualifiés sires, le sire de Joinville, entre autres, marchaient sur pareille ligne que les sires de Bourbon, de Coucy, etc. Pour détruire cette erreur, il suffit de faire entendre que le premier, tout grand qu'il fût, était *baron de Champagne*, et que les seconds nommés étaient *barons du royaume*, comme, au reste, le sire de Pons (*Cartulaire* de Philippe-Auguste). Même observation respective quant aux sires de Bauffremont, anciens vassaux de Bourgogne qui, *Lorrains*, puisque leur berceau était situé en Lorraine, se tiennent maintenant issus, non plus de Vauromontius, roi des Bourguignons sous l'an 427 de l'ère, mais des premiers ducs de *Bourgogne*, thèse que nous désirons voir justifier quelque jour, parce que, sans oublier l'extrême satisfaction qu'en éprouverait qui de droit, l'aïeule (côté maternel) des fils que Dieu nous a donnés, appartient à cette famille; sur quoi l'on rappellera, pour être entièrement juste, que Pierre de Bauffremont épousa véritablement la fille *bâtarde* (Marie) du duc Philippe le Bon. En ce qui concernerait un autre sire fort illustre, dont l'hommage originaire appartenait à *saint Denis*, plus tard vint au *duc de France*, et depuis Hugues Capet, au roi toujours en tant que duc, circonstances d'où résulte que jamais le sire susdit n'a relevé de la couronne, *idem, idem*, quoi qu'on dise, sous le rapport féodal , sans toucher d'ailleurs aux fleurons. (*Art de vérif. les dates.*)

Nous ajouterons en ce lieu que les sires précédents étaient princes à tel regard, que leur fief, nommé *sirerie*, s'estimait *principauté*. Voir ces mots, quant au premier point : « La ville de Pons en Saintonge est une *sirerie* fort ancienne dont relèvent deux cent cinquante fiefs, et qui a donné son nom à la célèbre maison de Pons. La terre de Coucy est encore une *sirerie*, etc. » (Trévoux, *item* la Martinière); et ceux-ci pour le second : « Ayant pleu au roy d'ériger la *sirerie* ou *principauté* de Bourbon en duché; par ce moyen, le fils dudit prince fut premier duc de Bourbon, etc. » (*D'Hozier*, Généal de Larbour, préface.) — «Louis, par la grâce de Dieu, etc., savoir faisons, etc..., par lesquels faits ledit demandeur auroit entre autres choses desduit. . . que, etc. . ., ainsi qu'il estoit arrivé audit Combauld de Bourbon qui n'auroit eu aucune part en la *sirerie* et *principauté* de Bourbon, etc. » (*Arrêt de la cour des Aydes*, 23 février 1626, p. 8, ouv. cité.) — « Feudum nobilissimum quod præcipue *regii nomine* gaudet, vulgò *la syrie de Pons*, etc. » (Hauteserre, *rerum aquit.*, lib. 1, p. 64); puis encore, sans infirmer ce qu'on a dit précédemment, que les mêmes, quelquefois, se trouvaient qualifiés princes, ou ce qui en tenait lieu : « Pretensus vero serenissimus *princeps* dominus de Leziniaco (*Lusignan*) vitare cupiens scandala, etc. » (*Instrument* cité par Besly, Hist.

des évêques de Poitiers, p. 192, *ad ann.* 1300), ce qui fait voir, contre plusieurs, que le *princeps* de certains actes ne signifie pas *dominus.* — « Helias de Pons, filius Reginaldi *Pontii reguli,* etc. » (Gall. Christ., *tom.* II, col. 1015.) — Voir, plus haut, notre remarque sur le *Codiacensis toparchæ.*

Post-scriptum. On lit dans un livre moderne : « Le nom de *sirerie,* conservé longtemps pour des fiefs de premier ordre, prouve l'indifférence hautaine de leurs possesseurs pour des titres plus relevés qu'ils auraient facilement obtenus, etc. » (*Eusèbe Salverte,* Essai sur l'origine des noms, tome I, p. 31.) Or, ces mots, qui toutefois indiquent un observateur, viennent confirmer le reproche que, plus haut, nous avons noté. La raison est que le cas prouve manifestement, non l'indifférence hautaine dont parle ici l'écrivain, mais le *positif* d'un âge que nous autres, hommes de vent, regardons presque en pitié, bien que faisant *chevaliers,* à ne sortir de l'espèce, force honnêtes citoyens dont un fauteuil élastique est le seul *cheval* de bataille, prodiguant les anciens titres suivis de la *particule* jointe au nom privé tel quel, à des hommes nouveaux sans glèbe, quelques-uns dignes, plusieurs non, ce qui n'est le point en cause; puis encore, etc. Les sires à sirerie, *barons de France,* hauts barons, n'avaient rien à demander, rien ne pouvant les faire croître au regard honorifique. Qu'auraient gagné, en effet, les sires de Bourbon, Coucy, Beaujeu, Pons,

etc., à voir leur terre érigée sous telle et telle ru-
brique, par diplôme de chancellerie, alors, surtout, qu'en faveur de ses propres créatures le
maître en faisait litière ? Autre chose est si le roi,
chef-seigneur du corps féodal, leur avait donné
les grands fiefs dits Aquitaine, Bourgogne, Champagne, Marche, etc.; devenus à ce titre-là ducs et
comtes, ils auraient assurément articulé grand
merci. Les sires qui nous occupent se trouvèrent,
par des alliances, comtes de Roucy et du Perche
(Soissons n'advint qu'au dernier Enguerrand VII,
maison de Guines, dont un des auteurs, Guil
laume, comte de Guines, second descendant
d'Alix, héritière de Coucy, quitta ce titre et ce
nom pour être, comme les siens, appelé sire de
Coucy). Ceux de Pons, durant quelques siècles,
furent vicomtes de Turenne, comtes même de la
Marche et de l'Angoumois réunis, bien que cela
n'ait eu qu'un temps, vu la cession peu volon-
taire, qu'ils firent au roi Charles IV, de ce magni-
fique héritage provenu des Lusignan; mais leur
qualification première était et demeura *sire*, à laquelle probablement ils substitueraient *prince*
aujourd'hui, par une raison opposée à celle que,
vers 1200, eut le prince de Bourbon. Quant à la
glose explicative, on sait qu'Horace, parlant de
certains mots qui s'en vont et de certains autres
qui viennent, chante dans son Art poétique :

Ut sylvæ foliis pronos mutantur in annos

Prima cadunt ; ita verborum interit ætas,
Et juvenum ritu florent modo nata vigentque.

Tel est le fond du propos. Alors effectivement *prince* était vieux et *sire* jeune ; *l'un* fut donc quitté pour *l'autre*. Maintenant que le contre existe, *l'autre* serait quitté pour *l'un*. Nous dirons même que cet *un*, conformément au principe en vigueur dans toute l'Europe, qui veut que les rejetons d'une famille princière aient la qualité de prince, deviendrait propre à chaque mâle issu des sires précités. Voir à l'égard des témoignages, outre ce texte latin : « Sit princeps sicuti.... ille tanquam a germano principum sanguine natus princeps ; etc. » (*acte* des élect., 1582), certaines lettres patentes émanées du roi Louis XIII (Fontainebleau, 20 octobre sous l'an 1629), lesquelles portent nettement « que les branches et lignées de princes reconnus dans l'État, *tiennent rang de princes*, etc. ; » ces mots écrits par du Cange : « Deinde qui orti ex principum extraneorum familia..... quorum posteri eadem dignitatem retinent. » (*Gloss.*, tome V, p. 844), et, pour exemple, ceci : « A Versailles, le 27 avril 1757. Le roi m'ordonne, Monseigneur, de vous faire savoir que LL. AA. SS. M. le duc d'Orléans, et M. le comte de Clermont, ont déclaré à S. M. qu'après avoir examiné les titres qui prouvent que la maison de Rohan descend des comtes de Porhoët, connus comme souverains en Bretagne, ils reconnaissent le droit et la possession où elle est de prendre *la qualité de prince par définition d'état,* et de jouir des honneurs attachés à cette qualité, etc. SAINT-FLORENTIN. » Suscription à Monseigneur le prince de Soubise. (*Réponse* à un écrit anonyme, par l'abbé Georgel, ouvrage qu'ont revêtu de leur approbation officielle, MM. Duclos, Capéronnier, de Bréquigny, Chérin et de Gévigney, que le roi avait délégués pour en faire l'examen.) Notons, comme chose essentielle, que le prince de Soubise était, non l'aîné de sa race, mais uniquement le chef d'une branche collatérale; au fond, que le droit natif et l'exercice conforme ne sont nullement déclarés soumis à la reconnaissance; bref, que cette déclaration est un PRÉCÉDENT LÉGAL, dont il n'appartient à personne, roi, juge, oracle de cercles, d'enlever le bénéfice à toute cause identique; à l'égard des phrases banales, des commentaires faux et creux, chacun est libre d'en user, si l'on a goût au suicide.

— D'après ce qu'on vient d'exposer, il paraît assez inutile de combattre les deux errements dont l'un veut que jamais en France on n'ait reconnu d'autres princes que ceux de la maison royale, et dont l'autre donne à penser qu'une qualification générique ne saurait être invoquée sans le bon plaisir du maître. Nous transcrirons néanmoins, au regard du premier chef, ces paragraphes de Loyseau : « A présent c'est un droict establi en France sans controverse, que le titre et le rang de

prince ne peut provenir que de race, n'estant la
principauté dative, ains native... cette règle estant
donc establie... chascun qui a peu s'est prévalu de
son extraction pour s'installer en l'ordre des princes, de sorte qu'il s'y est trouvé encore *d'aultres
princes que ceux du sang royal*, chose dont il ne
faut plus douter, attendu que l'ordonnance de
1576..... en énonce expressément d'aultres, et
mesme que la préface des édicts de nos roys contient ordinairement qu'ils ont sur iceux pris l'ad-
vis des princes du sang, et *aultres princes* et seigneurs de leur cour. » (*Chapitre VII*, p. 88.) —
« Partant, nous avons trois degrés de noblesse,
savoir les simples nobles, ceux de la haute noblesse.... et ceux du suprême degré que nous
nommons *princes* » (*Liv. des seigneuries* en général, p. 44); lesquels avait dit l'auteur dans une
phrase précédente, « sont ceux qui possèdent des
seigneuries souveraines, et mesmement y aspirent
par droict d'agnation et de parenté masculine. »
Ajoutons comme témoignage de la parfaite exac-
titude du jurisconsulte cité, que dans la commis-
sion remise par Henri II à du Tillet, greffier en
chef du parlement et garde du trésor des chartes,
on lit qu'elle lui est donnée à l'effet de rechercher
« quel rang avoient tenu en toutes grandes et so-
lennelles assemblées, les princes du sang, tant
ducs que comtes, et les *autres princes du royaume*,
ducs, comtes et autres de moindre titre et qualité, » c'est-à-dire certains vicomtes et les barons

grands châtelains. (Voir le *Cérémonial français.*)
Pour ce qui est du second chef, déjà touché ci-
dessus, nous demanderons sans phrase, en quel
code évangélique on a lu que les monarques ont
le droit de consacrer ou d'anéantir à leur gré ce
que Dieu lui-même a fait, ce qu'il ne saurait dé-
faire; puis, comme exemple à noter, si les Dreux
et les Courtenay provenus de Louis le Gros n'é-
taient pas princes génériques, *parce que* des raisons quelconques engagèrent leurs aînés à ne vouloir les admettre, si que le dernier des premiers
avait pour seul apanage l'emploi de grainetier à
sel. Voyez, au surplus, la Roque (*Traité* des noms,
p. 50), où se remarquent ces mots, règle humaine
de la matière : « Quant aux familles qui descendent
d'une ancienne race, elles n'usurpent point en
reprenant le *nom* et le *titre* de leurs ancêtres, qui
peuvent avoir été interrompus par des cadets, à
la différence de leurs aînés, quoiqu'ils le fassent
SANS LETTRES DU PRINCE. »

— L'opinion qui objecterait qu'on ne possède
plus la terre, ne vaut un meilleur débat, car le
droit ne tient au fait; roi de Navarre pour France,
duc de Lorraine pour Autriche, sans compter les
titres privés inhérents à des héritages qu'ont per-
dus tant de gentilshommes, et que ceux-ci néanmoins conservent *jure proprio*, voire même grâce
aux *chartes.* Voyez, d'ailleurs, ci-dessus.

NOTE SUR LE TERME BARON. Les savants diffèrent
beaucoup au regard de son origine. Les uns le

tirent de *bauer*, homme de pays (tudesque); les autres de *ber* ou *bers* (gaulois), lequel signifie haut seigneur ; Isidore de βαρύς, gras, fort ; le Port-Royal, *ibidem* en tant qu'autorité, puissance ; Ménage, de *baro* (latin), homme fort, vaillant, féroce ; Étienne Guichard, de *gever* ou *geber*, homme, seigneur, prince (hébreu, à part le *g* de cette langue); Waserus, de *bar*, pur, net, (hébreu), comme pureté de noblesse ; dom Ruinart, de *fara*, lignée, famille, génération, dérivé de *phard* (hébreu), signifiant porter du fruit, vu que dans Grégoire de Tours, se lisent *pharo, pharones* ; tels autres de *barrus*, éléphant, attendu que les barons avaient le plus grand pouvoir ; *item* encore de *varo*, homme vigoureux, vaillant, noble (espagnol) ; Ébrard de Béthune, du grec, βάρος, *pondus*, *onus*, *gravitas* :

> A gravitate Baro fertur quod monstrat imago
> Ejus ; græcè Bares id quod grave signat ;

Fauchet, du même principe : « Barones à gravitate et præstantia dicebantur, etc. » Or, s'il est permis d'ajouter à tant d'interprétations, la plupart assez étranges, nous dirons qu'à notre avis, le terme en cause vient du grec, non pourtant des mots cités, mais de βᾶρις, *turris*, *domus turrita et regia*, conjecture avec laquelle s'accordent parfaitement ces mots de Lucas de Penna, reproduits par Chassanée (*Catalogus* gloriæ mundi, p. 312), compris même le sens *princier* de la qualité baronnale, telle qu'on l'a définie : « Quod cum reges haberent plures filios, nec omnes reges facere posset, eo, quod regnum sectionem non patitur... donabant eis ampla *castra* cum juridictione et imperio, inde vocabantur *barones*, etc. » Comment, d'ailleurs, n'être frappé de paroles si judicieuses, lorsqu'on sait (et nous le savons) que presque tous les hauts seigneurs se rattachaient à quelque branche issue de la maison royale?

Infelix Dido, nulli bene nupta marito,
Hoc pereunte fugis, hoc fugiente peris.

AUSONE.

Pauvre Didon, qu'en maris
Nul hymen bien n'a servie,
Tu fuis, l'un perdant la vie;
L'autre, fuyant, tu péris.

DERNIÈRES PAGES

D'un écrit intitulé : DOCUMENT *sur la question de savoir si les anciens sires de Ponts, défaillis en ligne directe dans la personne d'Antoine (1586), étaient représentés alors par quelque rameau légitime formé au seizième siècle ; ensemble historiquement l'assurance toute contraire que la branche Ponts-Mirambeau n'a laissé que des bâtards ; plus encore la preuve légale que vers 1180 la tige mère a produit les seigneurs de Asnerüs, cadets paragers de Ponts ;* ouvrage déjà publié en 1845. (Seconde édition, accrue de témoignages nouveaux.)

Mais les dames ayants cause de la succession Tourzel, leurs maris et progéniture, tiennent le *dictum* excellent. Autorisés à barbouiller les marges de l'*usurpateur*, ils l'ont fait et le feront, comme l'a fait dernièrement l'honorable duc d'Escars ou des Cars, *ad libitum*, tout fiers du *brevet d'invention* obtenu par eux *en justice*. Va pour dit. Le précité ne saurait engager bataille avec tous les huissiers de France que pourrait mettre en campagne le : *Mandons et ordonnons*. Seulement il a l'honneur de prévenir ce jour d'huy chacun des *bénéficiaires* qu'à certaines bonnes enseignes il a résolu d'aligner *au bas* de ses écritures le jugement prohibitif, et, vu que *toujours* est bien long, se propose quelque matin de solliciter humblement la prise en considération de la sérieuse requête ci-après intercalée, qui, héraldico-juridique, est sans doute peu conforme à celle qu'aurait *trempée* un habile maître en Cujas, mais, sauf erreur intrinsèque, a du moins assez de *fil* pour trancher vertement le nœud.

Monsieur le procureur général,

Une loi du 27 ventôse an VIII, et non abrogée, porte, ar-

ticle 88 : « Si le commissaire du gouvernement (aujourd'hui
« procureur général près la Cour de cassation) *apprend* qu'il a
« été rendu *en dernier ressort* un jugement *contraire aux lois*
« *ou aux formes de procéder*, ou dans lequel un juge *ait excédé*
« *ses pouvoirs*, et contre lequel cependant *aucune des parties*
« *n'ait réclamé dans le délai fixé*, après ce délai expiré, *il en*
« *donnera connaissance* au tribunal de cassation. Si les formes
« et les lois ont été violées, le jugement sera cassé, etc. » Le fait
admis, je crois devoir soumettre à votre appréciation les alinéas
suivants, qui tous résultent de PIÈCES :

— Vers l'an 1824, l'examen d'anciennes chartes relatives à
mes auteurs, astreints jadis, comme d'usage, à porter l'appellatif du principal fief qu'ils tenaient, savoir, *Asnières* dans l'espèce (du Tillet, *Recueil des Rois*), m'a déterminé à *reprendre*,
conjointement avec l'autre, leur véritable nom de race, lequel
est PONTS, et cela *jure proprio*, la loi sur les noms à *prendre* ou
changer n'ayant aucun trait ici, outre subsidiairement qu'une
vieille législation, antinobiliaire à vrai dire, le prescrit aux *ci-*
toyens. « Quant aux familles qui descendent d'une ancienne
race, elles n'usurpent point en reprenant *le nom* et *le titre* de
leurs ancêtres qui peuvent avoir été interrompus par des cadets,
à la différence de leurs aînés, quoiqu'ils le fassent *sans lettres*
du prince. » (La Roque, *Traité des Noms*.)

— A part la topographie, les traditions du pays et celles des
intéressés, les motifs étaient : 1° que nos *preuves*, faites *sur*
titres en 1780 (pour l'admission chez le prince), devant
M. Chérin père, généalogiste des ordres, sanctionnées par l'aveu
royal et dès lors *acte souverain*, ce que la Cour de cassation a
d'ailleurs su reconnaître dans un arrêt du 18 mars, année 1834,
ont expressément déclaré que, *sans la moindre équivoque*, quatre des actes produits manifestent le *parage* (puînesse ; voir tous
les glossaires) de mes ascendants paternels avec les sires de
de Ponts, maison illustre, en tous cas, princière, grande ter-
rienne (soixante villes et bourgs, plus de six cents fiefs ou pa-
roisses), à tel point que Henri IV, non encore sur le trône, disait familièrement : « *Si roy de France ne puis, sire de Ponts*

voudrois être; » 2° que ledit nom (*Pontus* au premier cas latin, *de Ponto* à l'ablatif comme énoncé de famille, témoin les annales du temps) se trouve écrit net et clair en mes contrats domestiques, soit pour exemples textuels, une pièce originale (1250, charte appartenant à l'État), qui donne à lire ces mots : *Poncius Dei gratia Xanctonensis decanus, etc... Exceptis domo et feodo de Asneriis, et domo in qua* Pontus *de Asneriis, miles, avus dicti Guillelmi, morabatur tempore mortis suæ, etc.* (transaction entre Guillaume, seigneur *de Asneriis*, auteur direct, et sa mère Arsende de *Lusignan*) ; plus un traité matrimonial en idiome et style gascon, car il s'agissait d'une alliance avec les princes de Blaye, où Gombaud d'*Asneyras* est dit damoiseau de Pontes (preuves déjà invoquées); soit, avec Loyseau et autres, jeune seigneur appartenant à la famille de *Ponts ;* plus enfin mes lettres patentes pour l'érection du marquisat d'*Asnières-la Châtaigneraye,* registrées au parlement; par quoi donc, tant à l'égard de l'origine que du nom, chose jugée en bonne forme, qu'aucun juge conséquemment n'a pu ni ne peut *déjuger,* quand même les tribunaux n'auraient pas l'obligation de s'abstenir au regard des actes administratifs.

— Quelque temps après, une dame, veuve alors de M. Ives Dubouchet-Sourches-Tourzel, née *la Caze,* et, toutefois, se nommant ou dénommant *Pons,* aux termes d'*un acte civil* (1767), m'assigna en délaissement (7 mai 1828), attendu, affirmait-elle dans l'exploit introductif, « que le nom de Pons est celui de sa famille et *tous ses ancêtres depuis plus de sept siècles,* et que le droit de porter ce nom lui appartient exclusivement à tous autres, comme étant *seule descendante des sires de Pons,* etc. »

— J'opposai immédiatement une exception préalable à l'attaque ainsi formulée (21 juin subséquent).

— Cette exception reposait sur la *règle élémentaire* qui, base de toute justice, veut qu'on ne soit recevable qu'autant que la *qualité* serait dûment établie (arrêt Havré contre Chanel, dont le texte est à la fin), savoir que je mis d'abord la requêteuse en demeure de montrer, *sine qua non,* qu'elle provenait des sires, *ses ancêtres prétendus*, et que, seuls, *nota bene*, je tenais être les *miens*.

—La réponse (conclusions du 3 juillet même année) fut que les preuves requises SE TROUVAIENT FAITES moyennant *une lettre* (non produite, car on ne la reçut jamais) que, sous l'an 1827, j'avais livrée au public (donc avant la citation, et, n'importe sa teneur, nullement *aveu judiciaire*), laquelle épître, au surplus, sorte de thème à polémique, ne répétait qu'un bruit du monde accrédité sur parole, ainsi que d'autres, notamment à l'égard du *Périgord*, de l'*Auvergne*, etc.

> L'homme est de glace aux vérités ;
> Il est de feu pour le mensonge.

—C'était plus que dérisoire. Le juge, conséquemment, DEVAIT mettre hors de cause l'inadmissible agresseur.

—Loin de là, et sans faire droit aux susdites conclusions, il ordonna, par jugement (3 juillet 1828), confirmé ni plus ni moins (12 mai 1829), mais NON SUIVI DE POURVOI, qu'on ait à plaider au fond, recevant ainsi l'action de qui n'avait pas *qualité* sur l'objet de sa demande, et même N'AURAIT PU L'AVOIR. — Consulter à cet égard le *Document* précité, où l'on voit établi qu'après 1586 tous les biens de la tige mère, *substitués* au plus prochain mâle *usque ad infinitum* (arrêt solennel rendu en présence du roi Jean, 1351), appartenaient à *Antoinette*, DAME DE PONTS, etc., fille d'Antoine, dernier sire ; que dès lors invinciblement toute ligne contemporaine, et celle en particulier qu'avait formée à l'écart Ponce ou Poncius de *la Caze*, n'était que race *bâtarde ;* en un mot, que cet état excluait du parentage : *Bastardi proprio jure aut consuetudine non sunt de domo ac familia seu agnatione patris, quod tenet Bartolus... Nomina et arma eis tamen non debita* (Chassanée, *Catalogus gloriæ mundi*) : Les bâtards ne sont, ni par leur propre droit, ni par coutume, de la maison, de la famille ou de l'agnation du père, comme l'enseigne Bartole... Les noms et armes ne leur sont nullement dus. — « Car le bâstard ne puet rien demander ne par lignage, ne par autre raison por sa mauvaise condicion. » (*Établ.* de saint Louis.)

Or, il y a eu *violation du principe fondamental* qui subordonne l'action au droit prouvé d'actionner, par le maintien en justice d'un placet non recevable faute de justification, ainsi que *des formes légales* par le rejet, *sans avoir vu la pièce dont le demandeur excipait uniquement*, de conclusions régulières tendant à l'apport des actes. — *Item* EXCÈS DE POUVOIR, le ou les juges ayant imposé un adversaire que la loi ne donne pas, et que, voire même, elle exclut. — Ledit jugement (confirmé) est bien *en dernier ressort*. — Aucune des deux parties *n'a réclamé dans le délai* depuis longtemps *expiré*. — Ces quelques lignes, cependant, *vous apprennent* des infractions substantielles aux procédures. — Bref, il vous *incombe*, je crois, d'en saisir la Cour suprême.

A ces causes donc, veuillez requérir la cassation dudit jugement-arrêt, savoir, le premier en date (3 juillet 1828 - 12 mai 1829), tout autre que les postérieurs, sur lesquels, ajouterai-je, on ne défendit à nul titre quant à la chose prétendue, et, par cette raison, *entier*, notant, d'ailleurs, à cette fin : 1° que jamais la Cour n'en a connu jusqu'à cette heure, d'où suit qu'elle en peut connaître ; 2° que l'annulation est de haut intérêt public, tant énorme se comporte l'arbitraire qui enchaîne devant les tribunaux civils un citoyen non justiciable, et le condamne au profit de l'actionneur sans action ; 3° qu'avec le contraire l'auréole de saint respect dont l'auguste corps magistral est et doit être environné se pourrait voir affaiblir.

Château de Courtigis (Loiret), 1856.

PONTS-ASNIÈRES-LA CHATAIGNERAYE

(des anciens princes de Ponts).

PARAGRAPHE JUDICIAIRE inséré dans *l'Écho français*, n° du 10 février 1843, lequel, au reste, est conforme à la susdite exception de juin 1828.

« La question est posée (il s'agit de la *qualité*) ; mais où

donc se trouve la discussion? Quel est le motif qui s'y réfère?
Pas un mot dans l'arrêt qui s'occupe d'une question si importante... Nous ne voulons pas, disait M. de la Châtaigneraye à
madame de Tourzel, nous ne voulons pas de votre nom de
Pons, en tant qu'il vous appartient comme propriété privée;
il ne manque certes pas de Pons qui ne sont pas de votre famille. Nous prétendons *au nom des sires de Pons.* Or, ce nom,
nous le portons. Vous prétendez nous le ravir. *Prouvez-nous
que vous êtes de la famille des sires de Pons.* A défaut, nous
demandons que vous soyez mise hors de Cour sur votre action
non recevable. Or, vous ne venez qu'avec deux actes de naissance qui établissent un fait incontesté : c'est que vous vous
appelez Pons (à tort ou non, il n'importe). Eh bien! ce nom
privé, gardez-le, ce n'est pas le nôtre. Le nôtre est celui *des
anciens sires de Pons.* Vous ne prouvez pas *que vous soyez de
leur famille.* Nous concluons à votre mise hors de Cour, c'est-
à-dire au rejet d'une action dans laquelle vous n'avez pas *qualité.* La Cour se borne à confirmer le jugement du tribunal en
adoptant ses motifs. Elle ne statue pas *sur un défaut de qualité,* c'est-à-dire *sur une absence du droit d'action!!* 14 mars
1834. Signé : Ad. CRÉMIEUX. »

ARRÊT PRÉCITÉ DE LA COUR (3 mai 1831) : « Considérant
que la partie Couture (M. Chanel) ne peut avoir *droit et qualité* pour contester aux parties Bonnet (MM. d'Havré) la possession et l'usage des armes de Hongrie qu'autant *qu'elle prou-
verait par titres originaux et authentiques sa descendance de
cette maison royale,* et que par conséquent la décision de l'action intentée *dépend* ESSENTIELLEMENT DE LA PREUVE de cette
descendance, etc. » — M. Chanel, n'ayant fait aucune production *ad hoc,* s'est vu par là débouter. — *Similia contrariis.*

DÉFENSEURS : MM. *Hennequin, Lavau, Delangle, Crémieux,*
et finalement *Paillet.* CONSULTANTS : MM. *Billecocq, Dupin*
aîné; puis encore M. *Odilon Barrot.* AVOCATS PLAIDANTS LE
CONTRE : MM. *Coubert* et *Baroche.* PARQUET : MM. *tels* et *tels*

invariablement répulsifs. — En un mot, triomphe alors, et maintenant *quid?* Qu'est-ce? quoi?

Note surérogatoire. *Ponts* est la vraie orthographe du nom que portaient les *sires*, bien que *Pons* soit d'actuel usage. Voyez du Tillet, d'Aubigné, Bernard Palissy, Mézerai, le *Gallia christiana*. — Écrit en latin *Pontus* et *de Ponto* à l'ablatif, jamais sous ladite forme il ne fut prénom chrétien qu'aux yeux de l'hostile ignorance. La preuve est que nul almanach ne fait lire *sanctus Pontus*. Oui, quant à *Poncius* ou Ponce, et même encore *Poncia*.

— Il faut avouer néanmoins qu'un exemple contraire existe, en ce que *Pontus* (de Thyard), ancien évêque de Châlon, voulant faire nommer *Pontus* un enfant tenu par lui, et le curé y résistant, vu qu'aucun saint de tel nom n'était à sa connaissance, l'évêque repartit : Comment ! vous ne songez donc à celui que l'Église commémore en cette hymne solennelle : *Quem terram*, Pontus, *æthera?* Si que le *presbytérien*, pantois de son ânerie, baptisa sous ledit *prénom*. — *Pontus*, mer, en grec πόντος.

Memorandum. On aurait pu ajouter au chapitre de l'origine que les armes primitives des sires de Ponts et les nôtres (d'argent à la fasce de gueules) étaient absolument pareilles, compris les supports (léopards), et qu'une église *domaniale* (celle de l'Hôpital-Neuf) fut longtemps le tombeau commun; mais *non erat his locus*. Le *Document* est, d'ailleurs, fort complet à cet égard, non moins que pour *huit* autres *preuves*.

— *Nam uti* paragii *capaces non nisi* legitimi hæredes *sunt*. (J. Schilter, *de Paragio et Apanagio*.) Avis à certains lecteurs.

Paris. — Typographie de Firmin-Didot frères, fils et Cⁱᵉ, rue Jacob, 56.

www.ingramcontent.com/pod-product-compliance
Lightning Source LLC
Chambersburg PA
CBHW051125050726
47594CB00003B/951